构建和谐：

转型期中国农民非制度化利益表达的生发逻辑及矫正路径

姚望 著

中国社会科学出版社

图书在版编目（CIP）数据

构建和谐：转型期中国农民非制度化利益表达的生发逻辑及矫
正路径／姚望著 . —北京：中国社会科学出版社，2016.1
ISBN 978 - 7 - 5161 - 7455 - 5

Ⅰ. ①构…　Ⅱ. ①姚…　Ⅲ. ①农民利益—研究—中国
Ⅳ. ①D422.7

中国版本图书馆 CIP 数据核字（2015）第 309575 号

出 版 人　赵剑英
责任编辑　姜阿平
特约编辑　金　泓
责任校对　邓晓春
责任印制　张雪娇

出　　　版　中国社会科学出版社
社　　　址　北京鼓楼西大街甲 158 号
邮　　　编　100720
网　　　址　http://www.csspw.cn
发 行 部　010 - 84083685
门 市 部　010 - 84029450
经　　　销　新华书店及其他书店

印刷装订　三河市君旺印务有限公司
版　　　次　2016 年 1 月第 1 版
印　　　次　2016 年 1 月第 1 次印刷

开　　　本　710×1000　1/16
印　　　张　10.5
插　　　页　2
字　　　数　206 千字
定　　　价　39.00 元

目 录

第一章 转型期农民非制度化利益表达主要表现及危害

在从传统、封闭的农村社会向现代的、开放的工业社会转变过程中，受制于特定外部环境与内在条件，一些农民常常以非正常上访与群体性抗争等非制度化方式表达自己的利益要求。这些非制度化利益表达不仅危及农民根本利益的维护、实现与增进，也威胁到农村的改革、发展与稳定。

第一节 农民非制度化利益表达的内涵

"概念的界定是任何一项科学研究不可或缺的"①。对利益表达、农民利益表达以及农民非制度化利益表达内涵的界定是认识、分析转型期中国农民非制度化利益表达的逻辑前提。

一 利益表达

20世纪30年代末，在西方发达资本主义国家，出现了大量的利益组织，这些专门的利益组织在代表该成员利益进行表达的过程中，试图通过扩大话语权以影响政府决策。这一现象为一些西方研究者看到，他们通过对西方利益组织参与政治影响政府政策的研究后认为，政府在制定政策过程中也不是完全自主的，它要受到各个阶层、利益组织的影响。在研究各个利益阶层和利益组织影响政府政策过程中，一些研究者相继提出了政治参与、利益表达、利益冲突与协调等新的概念与范畴，从而使这些术语在

---

① 陈志刚：《农地产权结构与农业绩效——基于转型期中国的实证研究》，中国大地出版社2006年版，第19页。

政治学科的理论研究中流传开来。因此，庞元正、丁冬红认为，利益表达概念的引进可以在民主的基础结构逐次出现的背景中得到理解，利益集团、压力集团、"院外活动集团"成为民主政治的合法组成部分，这些专门组织的兴起，使人们注意到民主决策过程的复杂性，进而加强了对这些专门组织影响政府政策行为的研究，结果导致利益表达术语的产生。[①]

本书所指的利益表达就是利益主体向政府提出利益要求的政治行为。从这个定义中我们可以看出，利益表达行为的发起者可以是单独的个人、无组织的群体，也可以是有组织的集体；就表达的内容来说，主要是有关信息情况、意见主张、利益倾向，既可以是政治的、经济的，也可以是文化的，既可以是有关国家和社会的大的方面的，也可以是个人生活等小的方面的，都反映了社会的现实；就表达的方式来说，可以是直接的，也可以是间接的，可以是制度化的，也可以是非制度化的；表达的效能可能是较大的，也可能对自己利益的实现毫无影响；表达的结果可能是积极的，也可能是消极的。

二 农民利益表达

作为一个重要的利益主体——农民也有自己的意见、建议需要提出，也有自己的利益要求需要向各级政府进行申诉，所以他们的利益表达对于转型期中国整个利益表达格局具有举足轻重的影响。

什么是农民利益表达呢？从上面对利益表达概念的界定中，笔者可以引申出农民利益表达的内涵。所谓农民利益表达，就是农民向各级政府提出利益要求的政治行为。

农民的利益表达大致包括以下几个方面的内容：一是农民对自己利益状况的感知。社会转型时期，利益关系复杂多变，因利益关系的不断调整与变化引起不同群体的利益失衡，这样，农民通过对转型期自己利益状况的感知而进行利益表达，在某些条件下，也会因对理想的追求或在从众效应等影响下进行利益表达。二是农民向各级政府显性或隐性地提出自己的利益要求。在感知了自己利益状况后，农民向各级政府提出利益要求。显性提出更多是以一种主动的行动来表达自己的利益要求；隐性的提出就是

①　庞元正、丁冬红编：《当代西方社会发展理论新词典》，吉林人民出版社2001年版，第270—271页。

通过不合作的态度来表达自己的利益诉求，更多的是被动地提出自己的利益要求。处于转型期的中国农村，显性表达与隐性表达都在一定范围内存在。三是农民为了维护、实现和增进自己的利益，必须对自己利益相关的政策、制度及程序等表达出自己的意见和要求。各级政府能够实现利益的权威性分配，改变农民在社会利益格局中所处的地位，特别是在转型时期，政府这种作用与功能更为突出。通过利益表达，农民对政策、制度及程序等提出自己的意见，目的是维护、实现和增进自己的利益。四是农民利益表达受制于一定的外部环境。农民利益表达是农民对社会存在的一种能动的、主观的反映。转型时期，中国农村社会结构和社会环境的变迁是农民利益表达得以形成和确定的基础。

三 农民非制度化利益表达

非制度化利益表达是相对于制度化利益表达而言的，因此，理解农民非制度化利益表达的内涵必须理解制度化利益表达内涵，而对于制度化利益表达内涵理解的前提与基础便是对于制度化内涵的理解。对于制度化内涵的界定，不同的研究者提出了相异的观点。张敦福认为，制度化并不是社会制度本身的演变，而是指制度对人类现实的行动产生影响并使之模式化的过程，意即制度化是制度的模式化过程。① 赵泽洪、周绍宾认为，制度化的过程实际上是人或组织不断地作用于社会，而社会在发展中又不断地作用于人或组织的结果，是在过程与结果中建立起来的一种互动关系。因此，制度化应该包括两方面的含义：一方面是制度成为稳定的形式，免除个人或组织因素的影响；另一方面是使人们自觉或不自觉地接受制度要求的各种规范，扮演好自身的角色。制度化就是建立、健全和完善制度体系，并用这种制度体系来规范个人或组织的行为，同时个人或组织又自觉地遵守制度体系规定的准则的过程。② 程同顺认为，政治制度化问题是指在政治体系中政治角色或政治机构的政治活动是否按照法定的程序和规定进行，如果人们严格按照法定的程序和规定进行，我们就说政治制度化程度高，相反，如果人们不按照法定的程序，而是随心所欲地进行政治活

① 张敦福编：《现代社会学教程》，高等教育出版社 2001 年版，第 141 页。
② 赵泽洪、周绍宾编：《现代社会学》，重庆大学出版社 2003 年版，第 245 页。

动，我们就说政治制度化程度低。① 在这里，笔者采用程同顺先生的核心思想，即制度化总是与法定的程序与规定相连。

农民制度化利益表达是指农民依据国家法律等所规定的制度和程序向各级政府提出利益要求的政治行为。这种利益表达由法律或法规对其做出严格的程序性设定，并对农民和各级政府及其行政人员的行为做出了规定和限制。制度化利益表达由于在宪法、法律、规章、条例或程序规定的范围内进行，对政治系统的稳定影响较小，同时能把农民的利益要求有效地表达出来，因此是我们所寻求的最合理的利益表达方式。随着转型时期中国社会主义民主政治的发展，农民制度化的利益表达方式越来越多。

农民非制度化利益表达是指，农民不按照法律等所规定的制度或程序规定的途径，而是通过自我设定的途径向各级政府提出利益要求的政治行为。一般来说，非制度化的利益表达不仅仅包括违法的利益表达，还包括一些违背程序、规定等所进行的利益表达。由于非制度化的利益表达不存在特定的程序和模式，因此具有较大的随意性和突发性，比如，各种非法集会、未经批准的游行、静坐等。农民非制度化的利益表达也可能表现为特定时空下因某一政策、偶发事件或个人而激发起来的群体性自发行动，往往表现为集体性的抗议活动、游行示威、骚乱，等等。这种集体行动之所以可能，主要是一定数量的人们在面临共同的外部压力或威胁时利益上的一致性，这种一致性可能分别基于共同的地域、种族、宗教、语言文化、习俗，等等，农民非制度化的利益表达缺乏制度化所具有的可预测性及连贯性②。

"非制度化并不是一个突然发生的状态，而是一个逐渐变化的过程"③，因此，农民制度化的利益表达与非制度化的利益表达不是具有明显界限的，在很多情况下，在特定环境或某一事件的影响下，二者都可能在动态中进行转换，制度化的利益表达可能转换为非制度化的利益表达，非制度化的利益表达在引导和规范下也可以转换成制度化的利益表达。"当前我国农民利益表达具有明显的被迫维权性质，表达行动一开始就有走向非制度化的潜在危险，农民相对剥夺感的增强和表达行动的个体化更

---

① 程同顺：《当代中国农村政治发展研究》，天津人民出版社 2000 年版，第 60 页。

② 孙关宏、胡雨春编：《政治学》，复旦大学出版社 2002 年版，第 210—211 页。

③ 张泳：《制度理论及中国电力行业制度变迁研究》，经济科学出版社 2005 年版，第 53 页。

加剧了这种张力；制度化表达的无效性是农民走向非制度化利益表达的直接动因；非制度化表达的'相对有效性'是农民非制度化利益表达行动的信念基础，正是以上原因导致了大量农民非制度化利益表达事件。"①有关部门的调查也印证了这点，"通过正常形式和渠道，群众的正当要求没有满足，群体性事件便表现出反复性和逐步升级的特征，合理的要求往往通过激进行为表现出来，最终发展到围堵党政机关，辱骂殴打劝阻人员，甚至阻塞铁路公路交通"②。

第二节　转型期农民非制度化利益表达的主要表现

从传统的、封闭的社会向现代的、开放的社会变迁的过程中，农村利益格局发生了急剧变化，农民自主权增大，个体意识与个体利益的相对独立性增强。同时，农村基层政府自利性行为增强，出现利益部门化现象。在这种情况下，农民与农村基层政府之间产生矛盾与摩擦，非制度化利益表达就成为农民维护、实现与增进自己利益的一种重要行为方式。从转型期中国农村现实利益表达来看，农民非制度化利益表达的主要形式有非正常信访与群体性抗争。

一　非正常信访

信访是公民的一项基本民主权利，也是党和政府为公民提供的一项权利救济，公民通过信访表达自己的利益要求是宪法和法律所赋予的神圣权利。在信访过程中有正常信访与非正常信访之分。所谓正常信访是指信访人以走访的形式，在《中华人民共和国信访条例》规定范围内到有关机关设立或者指定的接待场所反映情况、提出建议、主张利益要求等。非正常信访指违反《中华人民共和国信访条例》中的一切信访行为。非正常信访在当代中国信访现实中有多种表现形式，"如'越级上访'，反映集体意愿时不选派5人以下代表，不到指定场所反映走访，堵政府门、拦

---

① 黄华兵、吴晓燕：《农民非制度化利益表达成因探析》，《四川文理学院学报》（社会科学版）2008年第1期。

② 河北省委政法委：《集中排查调处　预防群体性事件》，载中央政法委研究室编《维护社会稳定调研文集》，法律出版社2001年版，第79页。

车、滞留不走，将生活不能自理的人员弃留在政府机关，自残、自焚等等"。① 在农村社会转型过程中，因各种利益矛盾的存在，农民不断地以非正常信访方式表达着自己的利益要求，最常见的就是集体信访与越级上访两种。集体信访或越级上访都突破了法律或程序规定界限表达自己的利益要求，因此，明显属于非制度化利益表达范畴。

（一）集体信访

按照《信访条例》规定，"多人采用走访形式提出共同的信访事项的应当推选代表，代表人数不得超过5人"。集体信访是指5名以上的上访者聚集在一起，为了同一个信访目的，有领导、有组织地集体到信访部门或领导机关反映问题，要求给予解决的一种行为。集体信访具有共同心理或利益需要、相同的信访目的，临时构成信访集合体，以集体的形式向有关部门表达自己利益要求。

虽然有研究者认为，农民集体信访是一种合理民主权利行使的象征，暗示着农民集体信访也是其民主政治参与的一种形式，不应受到堵或截②。但是，笔者却认为，集体信访已符合了本书对非制度化利益表达内涵的界定，即超越了法律或程序规定之外的利益表达，也彰显出一些基本特点：一是行动的目的性。即集体性信访都是在相同的利益要求下，为了同一目的向有关信访部门或领导机关表达自己利益要求的行为。二是组织的临时松散性。集体信访因目的的统一性，使群体很容易形成一个组织，但这种组织是分散的，因暂时利益的一致性他们才团结起来，集体向有关信访部门或领导机关表达自己的利益要求，缺失组织纪律约束性的结果是导致这种松散性的非制度化利益表达行动的无序性。三是行为时间的短暂性。"如果能够发现一个社区成员之间的一些共同利益的话，人们就可以根据这些利益选择执行行动。"③ 在利益一致基础上的集体信访大都是为解决某个问题临时组织起来的，由于组织的松散性，一般不可能坚持很长时间，大都是将自己的利益要求表达出来之后即行解散。采用集体信访的

---

① 处级班课题组：《非正常信访及群体性事件的预防及对策》，载赵贵平编《言实集》，民族出版社 2006 年版，第 66 页。

② 董清民、柴海瑞：《中国农民民主政治参与机制研究》，内蒙古人民出版社 2003 年版，第 112 页。

③ Sidney Hook, *Philosophy and Public Policy*, Carbondale: Southern Illinois University Press, 1980, p. 70.

形式主要是试图运用群体利益表达所造成的声势，影响利益表达外在环境，扩大事件影响，获取利益表达机会，提高利益表达效能。四是解决的迫切性。由于集体信访参与人数较多，关注问题具有统一性，各级政府在对待、解决这种非制度化利益表达时要及时处理。因为集体信访的成员一般情绪激愤，要求比较强烈，如果各级政府不能及时、合理地处理，就会使矛盾激化，酿成不良后果，影响社会安定。五是事件的波及性。由于集体信访所反映的问题具有统一性，即对于同一阶层来说可能具有相似性，引起其他区域相同阶层的同情与支持，就会使集体信访范围进一步扩大，甚至导致连锁反应，引起更大规模的上访行为。

随着市场经济在农村的快速发展，农民利益要求出现多元化，当自身利益要求与其他群体、组织或国家的利益要求存在冲突时，农民单个力量无法实现自己的利益，便结合起来，以集体信访的方式表达自己的利益要求。一般来说，农民集体信访绝大多数是关系农民切身利益的现实问题，能自发地形成一个非正式群体，并选择非制度化的方式表达自己利益要求，因此具有涉及面广、牵涉人多、较难处理等特征，释放能量较大，往往会导致难以控制的信访局面，对转型期农村社会的稳定和谐产生潜在冲击。

（二）越级上访

越级上访与集体信访具有不同的语义内涵。集体信访一般是指向本地党政部门等信访机关进行信访的一种行为，只是在人数上超出了《中华人民共和国信访条例》规定。越级上访是指上访人未向本地党政部门、本单位组织提出申诉，而是直接到其上级机关提出申诉的行为。越级上访不仅仅包括个体的越级上访，还包括集体的越级上访。有研究者认为，农民越级上访是指"上访人由于种种原因，越过所在村民委员会，而直接到上级机关上访，即称越级上访"①。在这里，作者将上访的基层组织定位于村民委员会，忽视了村民委员会作为农民的自治组织不具有行政性的属性。从转型期中国的政治语境来看，信访一般都是由党政机关所提供的一个利益表达渠道，行政性组织提供的信访在整个信访体系中具有举足轻重的地位。因此，从转型期中国农民的政治运行中来考察农民越级上访，一般是指农民由于种种原因，越过基层政府（乡镇政府）等基层信访机

---

① 国家计划生育委员会宣教司编：《村干部必读》，中国人口出版社 1998 年版，第 98 页。

关，而直接到上级机关进行上访的一种行为。越级可以指直接越到县、市，也可以直接越到省，甚至直接到国务院上访。

越级上访给转型时期政治系统的良性运作造成严重影响，使上级有关信访机关不得不重新配置资源以面对越来越多的上访农民，不仅影响其工作效率的提升，也影响到农民利益要求的聚合与反馈。同时由于越级上访具有较大的示范及波及效应，个体农民的越级上访可能得到更多农民的同情与支持，进而形成集体的越级上访，影响着整个转型时期农村社会的稳定与和谐。

二 群体性抗争

作为转型时期中国农村政治运行过程中发生次数较多的非制度化利益表达——群体性抗争不仅包括农民与基层政府的对抗也包括村民与村民委员会之间的紧张关系。在社会结构、利益格局不断变化的转型期中国农村，群体性抗争这种非制度化利益表达产生的原因复杂，有的是因为利益受损而采取非制度化的方式表达自己的利益要求，有的则缘于对转型时期基层政权运行方式的不满或政府工作人员的不满的泄愤，有的是由于对现实民主政治发展的更多期望的理想性表达。农民群体性抗争参与人数较多，采取的方式较为激进，波及与示范效应较大，释放的能量巨大。

（一）农民与基层政府的抗争

在农村现实利益表达运行逻辑中，农民与基层政府及其行政人员在生活环境、工作体验、现实中的工作目标、利益追求以及他们在该种环境中所习得的观念与行为方式存在较大相异性。二者对利益表达的认知、态度、看法与立场等都存在较大差异或冲突，在扮演各自角色上表现出相异的心理和行为状态。

首先，基层政府及其行政人员冷漠对待农民利益表达。一是农民利益表达必然会对基层政府及其行政人员的某些权力造成冲击。利益表达是农民固有的民主权利，是影响政府政策的重要变量，农民进行利益表达就使政府及其行政人员在决策中更多地考量农民话语权的分量及影响力，由此限制了基层政府及其行政人员既往在政策制定过程中的权力。同时农民利益表达也监督着基层政府及其行政人员的行为。所以从该层意义上来说，基层政府及其行政人员是不希望农民进行利益表达的。二是农民利益表达使基层政府及其行政人员陷入责任困境。在农村社会转型过程中，特别是在压力型体制下，"所有的官员干部都具有利益的统一性：个人和职业利益与经济发展息息相关"①。一般来说，基层政府及其行政人员具有相同的工作模式与责任链条：对上负责。在对上负责的责任链条下，基层政府及其行政人员可能会忽视农民利益表达。但是，一旦农民利益表达处理不当就会造成农村经济发展的延缓或农村社会的动荡，使行政人员政治提升空间受限，因此，基层政府及其行政人员陷入对上负责与对下负责的责任困境。三是农民利益表达冲击着基层政府及其行政人员的既有目标与利益追求。在转型时期中国农村的政治语境中，维护社会稳定是基层政府及行政人员的首要目标，在此情境下，面对着可能会引起农村冲突或社会动荡的农民利益表达，基层政府及其行政人员可能会对一些农民利益表达进行抵制或打压，试图堵塞农民利益表达渠道而保持农村的相对稳定。无法通过正常渠道进行表达的农民可能会采取非制度化的方式表达自己利益的要求，并在此基础上形成农民与基层政府的矛盾与对抗。

其次，农民对利益表达的认知也存在一定误区，并导致冲击基层政府的非制度化利益表达的产生。一是部分农民在心理上认为，利益表达手段越激进，人数越多，越可能引起基层政府及其行政人员的注意，因为对上负责的责任链条的存在可能会使基层政府及其行政人员关注、处理自己的利益表达问题。如果人数过少，手段太温和，基层政府及其行政人员会漠视或忽视自己利益的表达。在这种心理认知影响下，当一些基层政府及其行政人员行为损害到自己利益时，部分农民就会采取冲击基层政府的非制度化利益表达以维护、实现与增进自己利益。二是农民的个人无力感。在转型期的中国，"政府的行为对农村地域产生重要影响"②，由于政府掌握了大量的资源，对整个社会进行着宏观控制，政府的触角深入社会的方方面面，形成强势政府。在强势政府的语境下，农民是不能凭借一己之力与其对抗的，其结果必然会通过一定方式，如夸大自己利益受损程度，获取其他农民的同情与支持，形成群体性抗争。三是农民对基层政府及其行政人员的不信任。在社会转型时期的中国，处理农民利益表达可能需要多个部门的协调，必然需要更多的时间，但对于务实的农民来说，他们往往不

---

① Lee Hong Yung, *From Revolutionary Cadres to Party Technocrats in Socialist China*, Berkeley: University of California Press, 1991, p. 412.

② Michael Winter, *Rural Politics: Policies for Agriculture, Forestry, and the Environment*, London, New York: Taylor & Francis Routledge, 1996, p. 7.

能为基层政府及其行政人员提供更多的时间，而这又缘于他们对基层政府及其行政人员的不信任。由于对基层政府及其行政人员缺乏信任，部分农民在提出自己利益要求时不能形成一个有效时间断裂期，以便基层政府及其行政人员有时间处理这些利益要求，结果导致部分农民以对抗等非制度化的方式表达自己的利益要求。

处于传统社会向现代社会转变过程中的中国农村，由于基层政府及其行政人员与农民在对待利益表达的态度、认知、看法与行为方面产生差异，造成利益表达链条的断裂。农民认为市以上的政府还是可以信赖和依靠的，是自己的"亲人"和"恩人"，而将县及县以下的基层政府和组织视为自己利益的直接侵犯者，是"仇人"，或"敌人"。① 当基层政府及其行政人员没有处理好某一事件时，这一事件就会被放大，进而有更多的农民参与到该事件中来，并将在处理事件中沉淀下来的怨气抛向基层政府，形成农民冲击基层政府的非制度化利益表达。

2000 年 9 月 9 日，河北省鸡泽县风正乡的村民田树彬、田建瑞拿着村民集体签名的上访信，带领 40 余名村民来到乡政府。他们不仅要求减免税费，还反映了原村班子在企业、果园、土地承包款以及救灾款去向不明等一系列群众不满的问题。但是，对于乡村基层政府及其行政人员来说，村民一大早来上访，他们当然不欢迎，于是乡党委书记、乡长都躲了起来，其他乡干部更是如此。整个上午，乡党委、政府主要领导仍未意识到问题的严重性，都没有在乡里露面。当晚 8 时 40 分许，村民们很快被组织起来，气势汹汹地冲进乡政府大院，直奔乡主要领导办公的后小院，但没有见到一位主要干部。后来，一名乡干部与村民发生口角，村民们情绪激愤，局势陷入混乱，有人趁黑停电用砖头打砸门窗玻璃，局势失去控制。邻近东六方、北风正等村的群众也闻声赶到，推波助澜。结果导致风正乡党委、政府的许多间房屋遭受不同程度损坏，部分档案、户口册、卷宗文件、计生账目等资料被烧成灰烬，一辆消防车及部分摩托车被砸坏，乡政府财产及乡干部的钱财、用品、衣物也在混乱中丢失。② 这就是农民与农村基层政府及其行政人员在对待利益表达的态度、认知、看法与行为上存在差异，进而导致了农民冲击基层政府的非制度化利益表达行为的产

---

① 于建嵘：《农民有组织抗争及其政治风险》，《战略与管理》2003 年第 3 期。

② 张君：《乡政府缘何遭冲击》，《农村工作通讯》2001 年第 6 期。

生，也是因为基层政府及其行政人员对农民反映的问题不关心，漠视农民利益表达，最终引发了农民冲击、砸抢基层政府的非制度化利益表达行为。

（二）村民与自治组织的抗争

村民委员会是农民自我管理、自我教育、自我服务的自治性组织，理论上讲，村民委员会也是农民利益表达组织，有责任将农民利益要求向上进行传递。所以村民委员会同农民应该具有利益一致性，农民不太可能与村民委员会这种利益表达组织产生矛盾，发生冲突。但是，基于农村政治运行的潜在逻辑，村民委员会这种农民利益表达组织在民主选举、民主决策、民主管理、民主监督的运作过程中出现了问题，造成农民与村民委员会之间的张力，并因此形成农民与自治组织之间的非制度化利益表达的群体性抗争。不过，与农民同基层政府之间的非制度化利益表达行为不同，农民与自治组织之间的抗争不涉及政府的合法性问题。

转型期中国农民与村民委员会之间的抗争主要由于以下原因：

一是村民委员会非正常选举造成农民与村民委员会的矛盾，并导致农民集体性非制度化利益表达的产生。随着农村社会转型的加快，广播、电视、报刊等各种新闻媒体进入农村的千家万户，农民的视野得到了开阔，政治知识得到了增长，政治意识得到了提升。而且随着市场经济的发展，农民越发具有自我独立性，要求取得、行使自己的民主权利，自由表达自己意愿。但是在村民选举过程中，一些农民难以行使其应有的民主权利，甚至出现了一些农民操纵选举、贿选等现象，引发了农民对村民委员会政治运行逻辑的怀疑。当选举不符合大多数农民意愿，或大多数农民了解到非正常选举内幕时，就会造成农民群体与村民委员会之间的抗争。2003年3月，山西省河津市下化乡老窑头村委会换届选举时，候选人之一的史回中首先承诺"如能当选将给每个村民发150元"，另两名候选人也做出类似的承诺。第一次选举失败后，候选人对村民承诺的钱数直线上升，最终王玉峰以"发给村民每人1800元"的承诺并现场亮出现金而在第二次选举中当选，[①] 事件的结果增强了村民对村民委员会选举程序公正性的怀疑，加重了村民与村民委员会之间的矛盾张力。

二是因财务问题造成农民与村民委员会的矛盾，并导致农民集体性非

① 连玉明编：《2004中国资政报告》，中国时代经济出版社2004年版，第386页。

制度化利益表达的产生。在取消农业税后，从法理上来说，村民委员会不能从农民中提取一定的资源用于自身运转。在失去财力支持情况下，村民委员会正常运作资金获取较为困难，必然会在实际工作中，想方设法从农民中获取一定资金以支持工作的正常运行，造成农民集体与村民委员会之间的矛盾。对于一些经济发展较好、有创收能力的村庄来说，村民委员会虽然获取了足够的资金以支撑组织的运作，并能较好地为农民提供服务，但在财政运作过程中因收支账目不透明而造成一些农民对村民委员会财政收支情况的怀疑，并进而造成了与村民委员会的冲突。

三是后税费时代的放压造成农民群体与村民委员会的矛盾，并导致非制度化利益表达的产生。取消农业税后，村民委员会失去了原来所具有的一些准行政组织的功能，如收提留等，出现功能简化状态。由于突然放压，村民委员会可能会产生无所适从的感觉，失去了上级的指导和引导，在现实运行过程中不作为或乱作为，侵害农民利益，造成村民委员会与农民群体的矛盾，形成农民群体与村民委员会之间的抗争。

第三节　转型期农民非制度化利益表达的危害

"从中国传统农民的政治情感来看，农民缺乏一种主体参与意识，是一种依附性的政治情感。"[1] 我国农民数量虽多，他们的生活条件也相同，他们的共同利益也相似，但是因为生产方式的落后，交通的不便，他们彼此之间并没有发生多种多样的关系，他们的生产方式不是使他们互相交往，而是使他们互相隔离。虽然随着农村社会转型的加速，社会主义市场经济在农村的发展，改变了一些基础设施，但还没有改变农民落后的思想意识。农民普遍缺乏政治参与的责任感与有序性，以及制度化表达自己利益要求的自觉性。马克思认为农民"不能代表自己，一定要别人来代表他们。他们的代表一定要同时是他们的主宰，是高高站在他们上面的权威，是不受限制的政府权力……并从上面赐给他们雨水和阳光。所以，归根到底，小农的政治影响表现为行政权力支配社会"[2]。在社会转型过程

---

① 江荣海、张学艺：《中国传统农民的政治情感及现代转化》，《中共浙江省委党校学报》2008 年第 1 期。

② 《马克思恩格斯选集》第 1 卷，人民出版社 1995 年版，第 677 页。

中，当行政权力对农民利益造成一定损害时，在缺失政治责任感与制度化表达自己利益要求的自觉性的条件下，农民就会进行非制度化的利益表达。农民非制度化利益表达不仅影响到农民根本利益的维护、实现与增进，也危及农村的改革、发展与稳定。

一　非制度化利益表达危及农民利益的维护、实现与增进

当代中国在社会转型过程中不可避免地"带来社会结构的变迁，经济及社会结构的调整导致部分个人和利益群体的社会利益受损"①。在社会转型过程中，农民因外部环境及内部条件的限制，不能有效分享改革成果，利益受到损害，并因此产生不满情绪，在不满情绪下进行的非制度化利益表达危及农民利益的维护、实现与增进。

（一）非制度化利益表达危及农民利益的维护

在社会转型过程中，处于利益相对或绝对受损的农民都极力地维护自己的利益，"事实上，在动态经济发展中，总是存在相对的或绝对的受损者，每个人都试图不成为受损者"②，农民在试图不成为利益受损者的情况下，必然要进行利益维护。一般来说，利益维护包括正当的利益维护和不正当的利益维护两个方面。农民非制度化利益表达不仅危及农民的正当利益维护，而且强化了农民不正当利益维护的心理认知

1. 转型期中国农民非制度化利益表达影响农民正当的利益维护

所谓正当的利益维护是指农民在利用利益表达进行利益维护的过程中，依据理性的方式、合法的手段向基层政府及其行政人员表达自己利益要求的一种行为，这种行为体现出合理、合法的特点。农民是社会经济活动的主体，凭借着宪法与法律所赋予的权利进行利益表达活动，行使着自己利益表达的权利。如果农民的利益表达突破了法律的规定或程序的设计，就不能使自己的利益得到正当维护。

2. 转型期中国农民非制度化利益表达强化了农民不正当利益维护的心理认知

所谓不正当的利益维护行为是指农民在进行利益维护过程中，对社会或他人利益产生现实或潜在危害的行为。2009 年 5 月 25 日下午 2 点

---

① 本书编写组编：《构建社会主义和谐社会学习问答》，人民出版社 2005 年版，第 131 页。
② 谭崇台编：《发展经济学的新发展》，武汉大学出版社 1999 年版，第 264 页。

多，河南省新乡市关堤乡东杨村农民为了抗议当地政府征用土地用于开发区建设，500 人堵路向基层政府进行表达，受阻车辆不得不绕行，①这一非制度化利益表达对社会或他人利益产生现实或潜在危害。农民维护自己的利益是合理的，但合理的利益要求必须通过合法的方式来表达，这才是真正的、正当的利益维护。处于转型期的当代中国，由于各种相关制度供给的短缺及农民自身条件的限制，农民不能有效地利用制度化的渠道表达自己的利益要求，就会通过其他方式维护自己的利益。但是，如果农民以非制度化方式表达自己的利益要求，就可能损害社会或其他个体或群体的正当利益维护。同时，不正当的利益得到维护必然会加重农民的这种心理认知，使农民继续以非制度化方式表达自己的利益要求，例如，农民通过越级上访的方式获取了有关部门的答复和处理，但农民并不满意该答复和处理，而获取的这种答复和处理结果又强化了农民对这种越级上访非制度化利益表达的正向认知，便继续越级上访，直至取得自己满意的结果为此，其结果可能导致农村社会的不和谐，影响农村政治、经济与文化的发展。

（二）非制度化利益表达危及农民利益的实现

在农村社会转型过程中，如果农民以制度化的方式，在法律允许的范围内表达自己的利益要求，农民利益表达信息就能快速、全面、完整地传递到基层政府中，影响政府决策过程。因此，制度化的利益表达是农民实现自己利益的良好工具。由于非制度化的利益表达使农民的利益表达信息不能得到有效传递，同时加上政治系统需要花费较多的资源来处理农民的非制度化利益表达，这样会造成两个结果：一是基层政府及其行政人员在维护农村稳定与社会和谐的前提下，简单地、草率地处理解决农民的利益要求，即在有条件的情况下暂时满足农民的利益要求，因为非制度化利益表达造成的社会潜在不稳定使基层政府及其行政人员职位上升等受到影响。这样，在科层制体系下，基层政府及其行政人员为了自己的利益，会暂时同农民进行妥协，农民利益暂时被满足的代价可能是农民的长期利益得不到实现。二是当农民进行非制度化利益表达时，利益如被满足，会导致农民再次进行非制度化利益表达，这也是目前农村地区中出现的大闹大

---

① 张兴军：《河南新乡干部占耕地建新村　数百村民堵路抗议》（http：//news. qq. com/a/20090626/001197. htm）。

解决、小闹小解决、不闹不解决的农民利益表达困境的原因所在，但这样的非制度化利益表达的最终结果却危及农民利益的实现。

（三）非制度化利益表达危及农民利益的增进

利益的正当维护与不正当维护只是体现出了农民对现存、潜在利益受损的感觉和认知，其主要目标是使自己现有的利益不受到损害，而利益的增进是指农民不满足于现有的利益状况，要改变利益分配方式或实现更多、更大的利益。"为什么呢？因为随着客观环境的不断变化，主体的需求也在发生变化，其结果是导致追求利益的主观愿望的无止境的发展。"[①]农民的需求是不断变动的，不断变动的需求必然会导致农民对利益的感受和认知发生变化，农民总是在不断地追求着自己利益的动态过程中发展着自己。因此，增进利益构成了农民利益表达的重要目标。农民非制度化利益表达不仅影响到农民积极的利益增进行为，而且也导致消极利益增进行为的发生与扩展。

1. 转型期中国农民非制度化利益表达危及农民利益的积极增进

积极的利益增进行为是指农民理性、合法、积极主动地作用于基层政府及其行政人员以表达自己利益要求，增进自己利益的一种行为。积极的利益增进行为总是与权利意识相关，农民如果不明白自己的权利，就无从知道别人是否侵犯到自己的权利，便不易产生积极行为。另外，积极的利益增进行为还与农民的利益觉醒直接相连，如果具有一定的利益意识，知道、了解自己的利益表达权利，在进行利益增进的表达过程中就可能产生出积极的利益表达行为。转型期中国农民的利益意识、表达意识虽然得到了一定程度的提升，但是离现代民主所期望的还有一段差距，在这种情况下，农民不能合法、理性地表达自己的利益要求，并最终影响到农民利益的积极增进。

2. 转型期中国农民非制度化利益表达造成了农民利益的消极增进

消极利益增进行为就是指农民在利益表达过程中以消极的、抑制的形式作用于基层政府及其行政人员来表达自己的利益要求的一种行为，更多的是以缄默或不行为来表达自己的利益要求。非制度化利益表达使农民利益增进成本大为增加，人身财产安全可能受到威胁，农民就会放弃表达行为，进而采取观望、缄默或不行为的消极利益增进行为。

---

① 张江河：《论利益与政治》，北京大学出版社 2002 年版，第 212 页。

二　非制度化利益表达威胁到农村的改革、发展与稳定

转型期中国农民虽然形成了一定的表达意识及表达能力，制度化利益表达数量与层次呈现显著增加之势，但囿于自身素质的限制及政治资源的缺失，制度化利益表达数量增多的同时，农民非制度化利益表达也大量出现。这些非制度化利益表达不仅影响到农村的稳定，也影响到农村的改革与发展。

（一）非制度化利益表达破坏了农村稳定

在从传统社会向现代社会转型的过程中，"没有农村这一稳定的基础是不行的"[①]，"没有农村的稳定和全面进步，就不可能有整个社会的稳定和全面进步；没有农民的小康，就不可能有全国人民的小康；没有农业的现代化，就不可能有整个国民经济的现代化"[②]。转型期中国农村各种矛盾与冲突得到显现，如果农民能以制度化的方式表达自己的利益要求，以各种合法渠道进行利益表达，就可以维系农村的稳定。

但是，在农村的现实政治运行中，农民非制度化的利益表达对农村社会稳定与和谐产生了严重的挑战，亨廷顿指出，"在现代化中社会，政治参与扩大的一个重要转折点是农村民众开始介入国家政治"[③]，也就是说要保持政治局势的稳定，就必须让农民在国家政治构架下参与政治，理性发表自己的意见、建议。但是如果农民以非制度化的方式表达自己的利益要求，就会使转型中的乡村社会出现紧张和冲突。"如果乡村社会的紧张和冲突，总是在农民的沉默和爆发中轮回，说明农村的利益表达机制出现了有深刻制度背景的问题。"[④] 所以，为了维护农村的稳定与和谐，必须促进农民非制度化利益表达向制度化利益表达转变。

（二）非制度化利益表达阻碍了农村的改革与发展

利益表达是公民不可被剥夺的权利，也是公民一种重要的政治行为，这种行为是随着社会经济的发展而变化的。农民的利益表达由一定的经济

---

① 《邓小平文选》第 3 卷，人民出版社 1993 年版，第 65 页。

② 中共中央文献研究室编：《十三大以来重要文献选编》，人民出版社 1993 年版，第1758 页。

③ ［美］塞缪尔·亨廷顿：《变革社会中的政治秩序》，李盛平等译，华夏出版社 1988年版，第 74 页。

④ 赵树凯：《乡村治理：组织和冲突》，《战略与管理》2003 年第 6 期。

发展所引发和推动。在社会主义市场经济向农村进行渗透的过程中，农村利益格局发生了较大变化，过去单一计划经济体制下所形成的特定农村利益格局和利益关系被打破，出现了利益主体多元化。个体利益、群体利益多元化的特征，必然引起农民利益表达的经常性、多样性和多变性。

利益表达是政策形成的重要输入源，"公民表达自己对有关社会问题的意见和看法，表达自己的利益要求和愿望，参与和影响政府决策的社会过程因此是政策过程中不可或缺的重要环节"①，在政策制定或在执行过程中承认利益表达是自由民主的根本和表现。农民只有把自己的利益诉求通过制度化的方式表达出来，形成一定的议题并使有关政策制定机构得以重视，才能在输出的政策中体现出农民的利益要求，才能为转型时期中国农业的发展提供较强的制度和政策支撑。如果农民以非制度化的方式进行利益表达，不能把自己的利益要求输入到政策决策机构中，则会使最终的输出政策较少考虑农民的利益，或忽视了农民的真正需求，造成政策的失误或偏离了转型时期中国农村的真实情况，不利于国家对农村社会的判断与认知，影响到农村的改革与发展。农民把自己利益要求表达出来，如果得到政策的认可，也就是说，如果政策体现出了农民的利益要求，农民利益表达的主动性和积极性就会提高，会更加主动地参与到农村政治、经济、社会发展中。通过把自己的利益诉求表达出来并看到了这种利益诉求的效能，农民确认自己影响政府的能力自信，在建设农村的过程中把这些自信转化为现实的行动动力，并促进农村的改革与发展。如果农民以非制度化的方式进行利益表达，只关注于自己利益的实现，较少关心国家政策对农村的影响，或淡化自己以制度化方式影响政策的能力，影响其主体精神的发挥与政治效能感的提高，失去了发展农村的积极性和创造性，影响到农村的进一步改革与发展。

---

① 赵成根：《民主与公共决策研究》，黑龙江人民出版社 2000 年版，第 195 页。

第二章　转型期农民非制度化利益表达的生发逻辑

随着社会转型时期民主政治的发展，农民的利益表达有了较好的制度基础与表达环境，农民的表达能力与表达效果有了较大的提升。从理论上来说，处于社会转型期的当代中国，在党和国家领导人的关心与支持下，农民的利益表达及其一些基本权益一般都能得到反映、体现和维护。但是，在转型期中国农村现实生活中由于信访制度作用有限、人民代表大会制度尚不完善以及农村基层党组织利益表达功能弱化使一些制度化利益表达渠道不通畅，农民利益要求不能得到有效表达、传递与反馈，引发了农民非制度化利益表达；农民组织发展不平衡以及规范化程度较低使农民不能有效利用组织力量表达自己的利益要求；农民受教育水平较低以及对自身利益缺乏理性认识也引发了非制度化利益表达；由于存在角色错位、关注中心变异、责任意识缺失、自利性等现象，基层政府对农民利益关注不够都导致了农民非制度化利益表达。

第一节　制度化利益表达渠道不通畅

"利益表达的关键是有关行动者能够获得进行表达的渠道或途径"①，利益表达渠道是否畅通关系到农民利益表达是否能完成及完成的情况如何。转型期中国，由于信访制度作用有限、人民代表大会制度尚不完善以及农村基层党组织利益表达功能弱化使一些制度化利益表达渠道不通畅，农民利益要求不能得到有效表达、传递与反馈，引发了农民非制度化利益

---

① 胡伟：《政府过程》，浙江人民出版社 1998 年版，第 193 页。

表达，影响了农民利益的实现、维护与增进。

一　信访制度作用有限

信访是我国公民政治参与的重要方式，也是我国人民群众向上层领导人传递信息，反映利益要求的一种重要渠道。在革命时期，农民利用信访渠道表达利益是直接的，因为在当时条件下，中国共产党组织身居农村，不断地与农民发生各种联系，农民有什么事、有什么利益要求就可以直接写信给各个负责人，甚至可以直接到毛泽东住地与毛泽东会谈。因此，农民能充分有效地利用信访渠道表达自己的利益要求。随着革命的胜利，为了方便对全国的管理，中国共产党在全国范围内建立了具有官僚科层制特点的信访组织体系。对于农民来说，直接通过信访表达自己利益再也没有革命时期那样直接，而要经过层级式的信访组织体系将自己的利益要求转达上去。在层级传递过程中，因某些因素的影响，可能使信息传递出现失败，农民就会利用一些非正常信访方式表达自己的利益要求，对农村社会稳定与和谐产生潜在的影响。

（一）信访利益表达渠道的间接性引发农民非制度化利益表达

虽然信访在表达农民利益要求方面具有一定的优势，但由于信访在国家政治体系中的地位，及现行信访制度本身所存在的缺陷，使农民利益要求不能直接通过信访而到达决策者，或者说，农民的利益要求会通过信访机关处理之后才能到达决策者。在这一过程中，可能会因某种原因使农民原有的利益表达要求或被过滤，或发生变异，最终使传递到决策的利益要求与初始化信息存在着较大差异，农民因利益要求不能得到满足而选择非正常信访或其他非制度化方式再次表达自己的利益要求。

（二）信访运行中的政绩观错位引发农民非制度化利益表达

信访工作对于构建社会主义和谐社会，保持社会的安全与稳定，维护和实现农民利益具有重要意义。因此，各级政府部门都加强了对信访的协调与监控，通过各种方式规范各级信访部门的职责、工作范围。但是，在实际操作中，尤其是在对各级干部进行考核时，"把上访率看作社会稳定的指标之一，把上访少甚至没有上访视为政绩"[1]。把"上访率"而不是"解决率"作为政绩的考核目标之一，使农民利用信访这一利益表达渠道的成效大为缩小，

---

[1]　李琼：《政府管理与边界冲突》，新华出版社 2007 年版，第 86 页。

因为"在稳定压倒一切的政治口号中，一些地方政府不约而同地对上访农民代表进行严厉的打击"[①]，地方政府拦截、收买、欺骗、强制遣送上访者，甚至打击迫害他们，使上访者在人格尊严、财产安全、身心健康上受到伤害，这一行为又引发了农民非正常信访等非制度化利益表达。

（三）信访协调性缺失引发农民非制度化利益表达

我国的党政机关、国家权力机关、司法机关，以及企业事业单位、社会团体内都有专门受理来信来访的机构，"各地信访机构的职能和权利及运作方式也都有较大差异"[②]"各级国家机关的信访部门规格不统一、名目繁多。这些信访机构职能交错，缺乏内在的沟通和协调。信息不能实现共享，信访资源大量浪费和闲置，有时还常常出现多重受理或互相推诿的情况。"[③] 由于多个信访机构的存在，造成在处理和解决农民利益表达问题上出现协调困难。协调的缺失加重了农民信访成本，增加了信访机构的压力，使农民不能合理地利用信访来表达自己的利益要求，进而造成越级上访以及其他非制度化利益表达。

（四）信访执行权力的缺位引发农民非制度化利益表达

随着社会主义市场经济的建立与完善，农村经济和社会发展中积累的深层次矛盾、历史遗留的潜在问题和现实的困境逐渐显现，信访制度本身存在的缺陷日益表现出来。农民在走向市场经济过程中，利益要求觉醒，利益表达意识被引发，这使得他们不断地参与到政治中来。由于信访制度本身对于信访机构的权力赋予有限，信访机构不具有执行权力的功能，缺乏对各职能部门的监督权力，使部分农民利益表达要求不能得到很好的解决，利益表达信息传递受到阻碍，并引发农民非制度化利益表达。

二　人民代表大会制度尚不完善

虽然在制度设计上，人民代表大会能充分反映农民利益要求，有效提高农民利益表达效能，减少或防止非制度化利益表达。但是在社会转型时期的当代中国现实政治运作过程中，人民代表大会未能有效地发挥其理论上作为农民利益表达渠道的应有作用。由于选举程序、名额分配以及人大

---

① 张英洪：《农民权利论》，中国经济出版社2007年版，第180页。
② 郭家安：《信访工作制度改革辨析》，载于晓明编《社会转型期山东省信访形势分析与对策研究》，山东人民出版社2006年版，第146页。
③ 刘靖华等：《中国政府管理创新：施政卷》，中国社会科学出版社2004年版，第163页。

代表素质等方面存在的问题，使人民代表大会作为农民利益表达的渠道受到限制，制度化渠道不通畅的结果是农民不得不选择以非制度化的方式表达自己的利益要求。

（一）农民代表数量不足

在当代中国社会转型过程中，我国各级人民代表大会中的农民名额一直处于与其他阶层不平等的位置。长期以来，在选举人大代表中，四个农村人的选举权才等于一个城市人的选举权，或者说，一个农村人的选举权只及一个城市人选举权的四分之一①。选举权的不平等，使处于国家权力中心的各级人民代表大会中农民代表的数量与其他阶层相比有较大差异。我们可以运用数字统计图的方式直观地了解农民代表在整个国家权力中心中所占的比例（见表2—1、表2—2）。

表2—1 各种身份在全国人大代表中的比例 单位:%

年份	工人	农民	军人	干部	知识分子	归国华侨	其他
1979—1981	26.74	20.59	14.38	13.38	14.96	1	8.59
1983—1987	14.88	11.9	8.97	21.35	23.54	1.34	18.23
1988—1990	23.03		8.99	24.68	23.47	1.65	18.18
1993	11.15	9.4	8.89	28.27	21.79	1.21	19.21
1996—1999	10.84	8.06	9	33.17	21.08	1.24	16.61

资料来源：刘智、史卫民、周晓东：《数据选举：人大代表选举统计研究》，中国社会科学出版社2001年版，第348—366页。

表2—2 某县第十届、十一届、十二届人大代表构成 单位：人，%

	代表总数	干部人数及比例		农村干部代表及比例		农民代表及比例	
		人数	比例	人数	比例	人数	比例
第十届	406	159	39.2	221	50.7	15	3.7
第十一届	297	131	44.1	150	50.5	9	3
第十二届	296	167	56.4	118	39.9	3	1

附注：干部人数是指除村干部以外的所有干部；比例是指占县人大代表的比例。
资料来源：张富良：《完善人民代表大会制度 保障农民民主政治权利》，《人大研究》2004年第10期。

---

① 俞荣根：《修改"四分之一条款"：完善人民代表大会制度的新举措》，《重庆行政》2007年第6期。

　　我们可以看出，各个层级的人民代表大会，农民代表所占的比例与其人口占中国总人口的比例是极不平衡的，"作为广大农民参加国家重大公共决策的人大代表制度，在现实运作中由于缺少真正能够代表中低收入农民阶层利益的代表"①。农民代表人数比例较少，不仅违背了每个人有权公平地追求自己利益的现代自由主义政治哲学的最核心之处②，也影响了农民利用人民代表大会这一制度化利益表达渠道提升自己利益表达效能的有效性。虽然现在已实行按城乡相同人口比例选举人大代表，但农民代表在各级人大代表中的数量不会在短期内有所提升。

　　（二）代表提名制度欠合理

　　我国的人民代表产生与提名的方式是实行间接选举与直接选举相结合的方式，在县、不设区的市及以下各级中实行直接选举，即"海选"产生，而对于县及设区的市以上的人民代表则是实行间接选举。虽然直接选举具有一定的民主性和民意性，但人大代表候选人的推荐，需要经过各级党委、组织部门考察才能确定。对于间接选举来说，代表名额由上一级人民代表大会常委会决定，全国人大代表的名额分配由全国人大常委会决定。因此，无论是直接选举还是间接选举，农民代表候选人都不是由农民选举的，从某个意义上来说，是由上级人民代表大会或党的组织部门确定的。组织部门在对人大代表候选人的考察上更多关注的是其在整个社会转型过程中所具有的政治态度、政绩及思想表现，而较少考察人大代表候选人在农民中的印象，至于其参政议政的能力，代表农民利益进行表达的积极性、主动性以及是否能代表农民利益则考虑较少。这影响了农民整体利益的表达，农民在制度化表达渠道不畅的情况下就会选择非制度化方式表达自己的利益要求。

　　（三）代表与农民联系管道缺失

　　从理论上来说，在代议制民主下所产生的"民选"代表"是经民主选举产生的国家权力行使者，他的身份和地位是与其行使职权的方式和后

---

　　①　代志明：《新型农村合作医疗补偿机制歧视问题研究——以收入差异为视角》，载中国社会保障论坛组委会编《和谐社会与社会保障》下，中国劳动社会保障出版社 2006 年版，第 1182 页。

　　②　Kenneth L Deutsch, *The Crisis of Liberal Democracy*: *A Straussian Perspective*, Albany: State University of New York Press, 1987, p. 1.

果密切相关的"①。代表与选民这种关系，决定了代表必须经常联系选民。"联系选民是人大代表最基本也是最重要的职责，是人大代表真正代表人民的必由之路。代表只有广泛地联系选民，体察民情，了解民意，并向人民代表大会及其常委会、人民政府反映选民的意见和要求，才能真正发挥人大代表作为选民和国家机关之间的桥梁作用。"② 但是，在转型时期，由于我国的人大代表绝大多数不具备代表工作的职业化特征，这种兼职性使代表们在国家或地方举行会议期间出席会议，代表部分群体、阶层进行利益表达，会议结束后又从事自己的本职工作。由于代表在自己岗位上的工作十分忙碌，所以他们总是在自己有了闲余时间才去了解自己所代表的群体的利益诉求。对于农民代表来说，因居住的分散性，农民代表了解农民利益诉求花费的时间成本更大。因此，农民代表很少走向田野，走进农民生活，认真、仔细地了解农民的利益诉求，加强同农民的联系，农民利益表达渠道受到阻碍，利益要求不能得到有效表达，并因此引发非制度化利益表达。

（四）农民代表自身素质较低

"代表素质，是代表内在的、相对稳定的、作为后续活动准备的品质，代表素质既包含当选代表前的基础，又有赖于当选代表后的培养。"③代表素质是代表进行参政议政能力提高的前提，也是如何、怎样代表被代表群体利益的自觉性体现。只有一个高素质的代表，其参政议政能力、表达群体利益的能力才会较强，代表群体利益的自觉性才会更加主动。虽然在社会转型过程中我国各级人大代表素质基本上都是合格的，但是也不可否认，随着社会主义市场经济的建立、发展和完善，随着新科学技术革命及知识经济的到来，随着农村社会转型的加快，一些农民代表的素质还有待提高。"历届人民代表大会也表明，农民代表的素质从总体上看比城市代表差"④，农民代表"文化较低，综合素质有限，对农民群体利益认识

---

① 徐秀义编：《乡镇人大建设的理论与实践》，中国人民公安大学出版社1995年版，第374页。

② 王春英：《当代中国政府》，河南人民出版社2004年版，第79页。

③ 王伊景编著：《中国人大代表》，中国民主法制出版社2000年版，第218页。

④ 黄达强、辛向阳：《初级阶段·商品经济·民主政治——社会主义初级阶段民主论》，中国人民大学出版社1990年版，第98页。

的广度、深度，特别是自身正当权益的维护都不够"①，还有的农民代表自感"'人微言轻'，会上很少发言，会后很少提出意见，有的甚至一届五年代表当下来，没有提出一条建议，成为'挂名代表'"②。农民代表素质较低，使农民通过人民代表大会这一制度化渠道进行表达利益要求出现困境，并引发非制度化利益表达。

三 农村基层党组织利益表达功能弱化

萨托利认为，政党的功能主要有三种：一种是引导功能，一种是表达功能，还有一种是交流功能，其中，表达功能是政党的主要功能。③ 表达功能的基本前提是政党要了解、认知部分阶级、阶层或团体的利益要求，并能代表这些阶级、阶层或团体的利益。政党适时、适度地表达不同阶级、阶层或团体的利益要求，维护和实现着部分阶级、阶层或团体的利益，从而获得执政机会及执政的合法性。因此，从某种意义上来说，"人们结成政党，仅仅是因为可以通过特定政党表达自己的利益诉求，进而支持特定政党去掌握政权，以期望自己的利益能够得到实现"④。政党运用利益表达功能，供给利益表达制度，使各个利益主体的利益要求能通过正常渠道表达出来，有效化解各个阶级、阶层或团体利益冲突，维系着社会的和谐稳定与持续发展。

中国共产党是中国革命、建设和改革事业的领导核心，在革命、建设过程中所形成的利益表达功能仍然在农民利益表达过程中发挥着重要作用。但是，随着执政地位变化、执政环境变迁，中国共产党的基层组织凝聚力、战斗力下降，其利益表达功能的发挥离农民期望仍然有很大差距。在这种情况下，农民对于基层党组织利益表达功能认同度降低，对于基层党组织这种渠道的选择便由过去的果断到现在的犹豫。同时，在革命、建设时期，由于农民可以利用的利益表达渠道相对较少，农村基层党组织是农民可以利用的，也是最为有效的利益表达渠道之一。但是在改革开放

---

① 钱俊君：《从"统筹"到"统一"——从十七大分析城乡社会保障差距与和谐发展》，载伍晓华、贾正爱编《科学发展与和谐湖南》，湖南人民出版社 2008 年版，第 322 页。

② 秦晓：《完善各级人大代表与选民、选举单位沟通渠道的思考》，《人大研究》2003 年第 2 期。

③ ［意］G. 萨托利：《政党与政党体制》，王明进译，商务印书馆 2006 年版，第 82—86 页。

④ 张志明编：《党的建设理论学习读本》，中国法制出版社 2008 年版，第 80 页。

以后，特别是随着社会主义市场经济在农村的推广与向深处渗透，市民社会开始走强，各种社会组织开始建立，所以，"情况完全不同了。市民社会发展带来的上述变化意味着，除了政党之外，公民又获得了大量可以用来表达利益和进行政治参与的工具。新工具的出现，客观上造成了与政党的潜在竞争，削弱了政党作为这种工具的优势"①。农村基层党组织原来的利益表达功能在比较视野下相对降低，最终影响着农民对农村基层党组织这一利益表达渠道的利用。特别是当农民利用基层党组织这一利益表达渠道不能有效地表达自己利益要求，维护、实现与增进自己利益时，便会运用其他利益表达渠道，这无形中就增加了非制度化利益表达发生的概率。

第二节　农民组织化程度较低

亨廷顿认为，"组织是通往政治权力之路，也是稳定的基础，因而是政治自由的前提"。② 对于一些特殊的利益群体来说，由于没有一个有效的组织来表达他们的利益③，利益经常受到损害。基于此，西方各个社会阶层或群体在民主政治的影响下都有自己的利益集团代言人，这些利益集团在表达特定利益群体或阶层的利益要求方面具有重要的作用。"在英国，有一半成年人都参加了各种各样的利益集团，这些利益集团有压力集团、各种类型的组织、内幕组、多元组织、保护组织、社团组织等，他们代表着特殊的利益，在表达个人意见及个人问题方面具有一定的效能，并通过参与选举影响着英国的民主政治发展。"④ 同样，在农民利益表达方面，西方各国，特别是发达国家，虽然农民人口较少，但却有较多的组织代表农民利益进行表达。比如，爱尔兰农民协会是爱尔兰利益集团中代表农民这一弱势群体的集团，是农民维护和保障自己利益的重要组织，是目

---

① 张铁军、景君学、杨国昌：《当代中国商会研究》，甘肃文化出版社 2006 年版，第257 页。

② ［美］塞缪尔·亨廷顿：《变化社会中的政治秩序》，王冠华等译，华夏出版社 1989 年版，第 427 页。

③ Anthony Harold Birch , *The Concepts and Theories of Modern Democracy*, London：Routledge, 2002, p.77.

④ Dennis Kavanagh, *British Politics：Continuities and Change*, Oxford：Oxford University Press, 2000, pp.178 – 179.

前爱尔兰人数最多、影响最大的农民组织，现有成员 8.5 万人。该协会的主要目的就是在国内和国际范围内代表和维护农民的利益。依靠这一组织体系，农民协会得以组织和动员农民，集中农民的利益与意见，在国内外政治平台上最大限度地满足与维护农民的利益要求，① 从而提升了农民利益表达效能，有效地维护、实现和增进农民利益。因此，从一定意义上说，农民自己的组织是保护农民利益的最好形式。②

"以利益集团为载体的合法性的表达机制对于一个社会健康稳定发展是至关重要的。"③ 新中国成立初期，尽管在我国各地成立了农会，但是那种农会一开始就不是农民自愿成立的组织，而是上级安排的产物，因此不能积极、主动地代表农民利益进行表达。在从计划经济向市场经济转轨过程中，出现了大量的社会组织，这些社会组织在国家与社会之间起到了十分重要的沟通、协调作用，但由于组织化程度较低，它们不能有效地表达农民利益要求。

一　农民组织发展不平衡

在改革选择路径的影响下，同时受制于生产力发展的状况以及居住环境的影响，我国农民组织发展处于不平衡状态中。不平衡不仅影响着农民利益表达行为的选择，也影响着农民利益表达效能的提升。

（一）领域不平衡

领域不平衡主要是指农民组织化程度在不同领域发展不均衡。从转型时期中国农民各类组织看，在经济领域为农民服务，表达农民利益要求的组织数量、发展速度要高于在政治、社会领域表达农民利益要求的组织数量、发展速度。目前，中国农民合作组织的数量已经超过 15 万个，农民专业协会约占 65%，专业合作社约占 35%。其中种植业占 40%，养殖业占 27%，加工运输业占 18%，其他行业占 15%；合作组织成员也达到 2363 万户，占全国总农户数的 9.8%；涉及领域也从以往的果蔬、畜牧、水产、林业，发展到农机服务、运输、粮油作物、水利建设、资源开发和

---

① 齐延平编：《社会弱势群体的权利保护》，山东人民出版社 2006 年版，第 154 页。
② 孙自铎、汪建国：《农民收入增长的制度性约束与创新研究》，中国财政经济出版社 2002 年版，第 122 页。
③ 武中哲：《由单位组织到利益集团：利益表达机制的结构转向》，《求实》2006 年第 7 期。

手工业品生产等诸多方面。① 经济组织超前发展，农民的政治组织和社会化组织较为缺乏，因此，2010 年中央"一号"文件中就将培育发展服务性、公益性、互助性的社会组织作为统筹城乡发展力度，夯实农业农村发展基础的一项重要工作。②

领域发展的不平衡受制于我国改革所选择的路径。在我国改革发展的选择路径中，以经济发展作为改革的先导，试图通过经济发展促进政治体制改革或社会体制改革。但是，在以经济发展为导向的改革路径下，形成了经济发展与社会发展一条腿长一条腿短的局面。受此大环境的影响，在从传统计划经济向市场经济转轨的过程中，由于单个家庭生产无法应对复杂多变的市场环境，农民在相同利益基础上形成了各类经济组织，但是与经济发展相适应的各类政治组织、社会组织却较少，甚至是空白。

（二）地区不平衡

地区不平衡主要是指在转型时期发展出来的农民组织，在不同的省份、地区，组织化的程度和方式存在显著差异。从总体上来说，经济发展较好、市场经济较活跃的东部农村的组织化程度高于西部农村，近郊农村组织化程度高于远郊农村。

生产力发展的不平衡是农民组织发展地区不平衡的根本原因。长期以来，我国的生产力发展与布局总是处于不平衡状态，虽然在特定时期，如三线建设时期，生产力不平衡的局面得到了有效改变，但从转型时期的中国实际来看，生产力发展不平衡是客观存在的，而且强烈地影响着与生产力发展相关联的各种组织的发育、发展状况。对于生产力发展水平较高的地区来说，组织发育、发展较快，而对于生产力发展水平较落后的地区来说，组织发育、发展则相对较慢。

农民居住环境也是影响农民组织地区发展不平衡的一个因素。对于东部地区来说，由于交通较为便利，农民居住较为集中，联系手段现代化。对于西部地区来说，交通不便，农民居住较为分散，联系手段落后，将其

---

① 甄杰：《坚持以发展农村经济为中心 构筑新农村建设的战略支点》，载河南省社会科学院邓小平理论和"三个代表"重要思想研究中心编《坚持科学发展构建和谐社会：全国社科院系统邓小平理论研究中心第十二届年会暨理论研讨会论文集》，河南人民出版社 2007 年版，第 169 页。

② 《中共中央国务院关于加大统筹城乡发展力度 进一步夯实农业农村发展基础的若干意见》，人民出版社 2010 年版，第 23 页。

组织起来的难度肯定比东部地区要大。

市场经济的成熟程度也是影响农民组织地区发展不平衡的因素。对于东部地区来说，市场经济较为成熟，农民市场意识也较为强烈，组织起来的愿望也较高，对于受市场经济影响较小的西部地区来说，农民市场意识相对缺乏，组织起来的愿望较小。

任何一个事物在发生、发展与成熟的过程中，平衡是相对的，不平衡是绝对的，但过度不平衡则会影响特定群体、阶层利用组织表达自己利益要求的效率。对于农民组织而言，由于在发展中表现出领域与地域的不平衡性，在表达农民利益要求过程中就存在各种问题。对于一些农民来说，如果没有组织的纽带，他们在表达自己利益时必然会出现盲目性与个体性。

二　农民组织规范化程度较低

我国现有农民组织由于在入会人员的选择上淡化成员素质，在成立运行上行政色彩较浓，再加上法律地位不明确、组织目标单一、活动方式松散、控制手段简单等使其规范化程度较低，未能有效聚合农民利益要求，不能有效地提高入会农民理性表达利益的意识。农民在组织表达无力、无效时，必然会以原子化、个体化的行为，甚至以非制度化方式表达自己的利益要求。

（一）入会农民素质整体较低

一个规范化程度较高的组织，在吸纳成员时，会时刻关注入会成员本身素质，如果成员素质未能达到该组织的要求，即使拥有较多的资源，也不能成为组织的成员。但是，在社会转型时期，一些农民组织对入会成员的选择还缺乏严格的标准，只要是农民，不管其素质如何，利益是否与组织利益一致，都可以加入组织。从某种意义上来说，农民组织是"民主自治的训练基地。各种组织都是建立在自愿基础上的，合作是其基本的行为方式……在这里，人们学会了如何相互信任，如何表达意见，如何处理分歧，接受着民主的基本训练"[1]。学者们也发现在集体中通过相互的交

---

① 郭道久：《以社会制约权力：民主的一种解析视角》，天津人民出版社 2005 年版，第316 页。

流与沟通，成员的政治意识会有显著的增强，民主素质也会迅速提升①。但是，由于入会农民素质整体较低，本应在组织中获取利益表达意识提高的组织功能弱化，农民利益表达积极性与主动性的提高受阻，农民利益表达行为未能得到有效改变。

（二）成员加入方式缺乏自觉性

农民在决定是否加入一个组织时有两种模式，一种是强制模式，另一种是自觉模式。强制模式是指农民在外在力量的逼迫下，违背自己意愿，不得不加入某一组织；自觉模式即农民根据自身利益得失的判断决定是否加入某一组织，当能从组织中获取利益时，则加入，否则，不加入。自觉加入组织是利益的自觉，而不是道德的自觉，是农民基于利益判断基础的行为。但是，在社会转型期的中国农民组织中，还缺失一种以利益一致、利益判断为基础的自觉模式而形成的纯粹的自治组织形态。一些组织在成立与运行过程中，与行政部门存在着千丝万缕的联系，一些行政部门在与组织进行联系的过程中，变引导为领导，变指导为命令，变支持为主持。农民组织在行政力量影响下，忽视内部农民成员的利益，难以根据自身发展情况决定自己的运行模式与运行规则，不能很好地表达农民利益要求，失去了对入会农民的凝聚力和吸引力。

（三）法律地位不明确

只有明确农民组织的法律地位才能正确处理农民组织与其他组织以及地方政府之间的关系，维护组织与成员的政治和经济利益。但是，"由于农民组织的类型不同，履行政治功能的农民组织、农民经济合作组织和农民社区基层自治组织的法律地位自然是不一样的。中国目前只对农村基层自治组织有专门的法律规定，其法律地位已经明确规定外，其他两种类型的农民组织都尚无相关法律规定"②。一些农民组织根本未能得到法律的承认与保护，据农业部统计，"2007 年，未登记注册的农民组织占 54%，在农业部登记的占 17%，在工商部门登记的占 16%，在民政部门登记的占 13%"③。没有明确法律地位或未能得到法律保护的农民组织，在运行过程中不敢有效表达农民利益要求，更不善于表达农民利益要求，导致非

---

① ［美］西摩·马丁·李普塞特：《政治人——政治的社会基础》，张绍宗译，上海人民出版社 1997 年版，第 173 页。

② 程同顺：《中国农民组织化研究初探》，天津人民出版社 2003 年版，第 46 页。

③ 李小云等编：《中国农村情况报告 2008》，社会科学文献出版社 2009 年版，第 232 页。

制度化利益表达的产生与扩展。

（四）组织目标单一

目标是一个组织的灵魂，是组织得以发展的方向，也是组织之所以成为一个组织的核心要素。在社会转型时期，在市场经济的冲击下，农民成立了各种合作经济组织，但是，各种合作经济组织只关心入会农民的经济问题，如农作物的生产、销售与流通，对于农民社会问题、政治问题关注较少，或根本未能予以关注。在这种情况下，农民只有在利益相关时才有组织地加入到组织中来，比如，一旦到了农作物收获时刻，他们便与组织保持着紧密的联系，试图通过组织的利益表达，为自己带来更多经济利益。但是，一旦农作物销售完毕，农民又离开了组织，不参加组织任何活动，重新回到了无组织的原始状态中。因此，由于组织目标的单一，农民与组织的联系经常处于一种断裂状态，不能与组织形成一种合力，不能关心组织的正常发展。当农民处于非组织性状态时可能会以非制度化方式向基层政府及其行政人员表达自己利益要求，以维护、实现和增进自己的利益。

（五）利益聚合功能较差

利益聚合是农民组织的主要功能之一，也是农民组织规范化程度高低的重要标志。利益聚合意味着农民的利益诉求可以在组织内进行表达，农民组织将这些利益诉求整理、综合了之后，再由组织向各级政府进行表达。因此，利益聚合能力的强弱，不仅关系到农民组织的凝聚力与向心力的大小，而且也关系到农民对利益表达方式的选择。如果农民的利益诉求能在组织范围内得到有效表达并能得到部分解决，农民的不满就会削减，非制度化利益表达发生概率就会降低。如果农民组织利益聚合功能弱化，农民利益要求不能通过组织表达，必然会以个体化、原子化的方式表达，增强了非制度化利益表达发生的概率。在从传统计划经济向市场经济转变的过程中，一些农民组织利益聚合能力还较弱，不能有效地代表农民向上进行表达。

转型期中国农民组织化程度较低使农民不能利用强大的组织力量进行利益表达，通常以个体化的方式向基层政府及其行政人员表达较小的个人或家庭利益，呈现一种原子化形态。原子化的利益表达存在着较大弊端。一是原子化的利益表达所传递出来的信息比较零散，感性色彩较浓，如果得不到满足，可能会造成一定程度的冲突，产生非制度化利益表达，"信息越不充分，冲突反倒容易引发更大规模的冲突"①。二是原子化的利益表达使得基层政府及其行政人员获取信息的成本较高。一方面，原子化的利益表达大多以个人利益或家庭利益为出发点，不具备收集、整理、加工群体其他利益表达信息的功效。另一方面，基层政府及其行政人员也无法一一听取原子化个人的表达。三是原子化的利益表达可能影响农村社会稳定。"当一个社会中各种成分缺乏有组织的集团，或无法通过现成的有组织的集团充分代表自己的利益时，一个偶然的事件或一个领袖的出现都有可能触发人们蓄积着的不满，并会以难以预料和难以控制的方式突然爆发"②，对农村社会的稳定与和谐产生潜在威胁。

第三节　农民自身整体素质较差

农民是利益表达活动的推动者、实践者，具有主动性与能动性特征，这种主动性与能动性不仅表现在农民对于利益表达手段与方式选择的随己性，也表现在其选择利益表达渠道的自我性。在农村社会转型过程中，农民的生活方式、价值观念等发生较大改变，影响着农民利益表达手段与方式的选择。在农民利益表达的现实运作中，因受教育水平较低以及对自身利益缺乏理性认识也引发了非制度化利益表达。

一　农民受教育水平较低

一般来说，受教育程度的不同影响着利益主体政治行为及政治意识与态度，"大量研究表明，在政治上表现积极的往往是那些生活上较富裕、受过良好教育的中上阶层，而那些处于社会底层的人们常常成为'局外人'"③。鉴于受教育程度对国家民主政治发展的影响，在转型期的当代中国，党和各级政府都十分重视农村教育，多方面、全方位地提高农民受教育水平，农民的素质有了很大的提升。但是，我们也应该看到，在社会转

---

① 中国（海南）改革发展研究院：《积极稳妥地发展农民组织——"中国农民组织建设国际论坛"综述》，载中国（海南）改革发展研究院编《中国农民组织建设》，中国经济出版社2005年版，第11页。

② ［美］加布里埃尔·A. 阿尔蒙德、小 G. 宾厄姆·鲍威尔：《比较政治学：体系、过程和政策》，曹沛霖等译，上海译文出版社1987年版，第202页。

③ 孙关宏等编：《政治学概论》，复旦大学出版社2003年版，第312页。

型过程中，农村教育仍很落后，对农村的教育投入远远落后于对城市的教育投入。对农村教育投入相对较少，使得转型期中国农民整体文化素质还不高，文盲、半文盲尤其是法盲还在总人口中占有一定比例。农民整体受教育程度较低，导致其公民文化及主体意识的缺失，并造成了非制度化利益表达的产生。

（一）受教育程度较低使转型期中国农民缺失公民文化并引发非制度化利益表达

农民公民文化就是指农民不是作为单个独立的社会个体或社会阶层，而是作为一个国家的公民对宪法和法律规定下所应享有的各种权利（包括政治权利、经济权利及其他权利）的认知，是其政治行为的内在心理动机，也是其政治素质的具体表现。把人变成公民，是由臣民文化、市民文化走向公民文化伟大进程的必然要求，① 也是社会主义民主政治发展的必然要求及最终体现，而"对于农民来说，教育是使其摆脱农民身份的唯一的正式的方式和渠道"②。教育程度较低影响着农民由职业身份或户籍身份向公民身份的转变。同时由于"旧中国留给我们的，封建专制传统比较多，民主法制传统很少"③，民主法制传统的缺失，影响着农民公民文化的塑造和成长。

公民文化的缺失一方面使农民在进行利益表达时有着强烈的狭隘观念，不能以公民的角色享有其应享有的利益表达权利。在社会转型过程中，"农村政治环境的封闭性及其受传统政治观念的影响较深，致使农村选民多属于狭隘观念者，他们对非政治事物的关心更甚于政治事务，因而在选举行为上更具轻率性"④。轻率性就会造成决策错误，如果错误决策影响到农民利益，农民就可能会以非制度化方式表达自己利益要求。另一方面，理论上说，农民进行利益表达"并不是因为他们被逼这样做，或他们如果不这样做就要受到惩罚，而是因为他们一直受到'希望这样做'的训练"⑤。农民公民文化的缺失使农民不能有效利用宪法和法律规定的

① 马长山：《公民文化：精神文明建设的重要内容》，《学术研究》1993 年第 3 期。

② Zhang Mei, *China's Poor Regions: Rural - urban Migration*, Poverty, Economic Reform, and Urbanisation, London: Taylor & Francis, 2003, p. 84.

③ 《邓小平文选》第 2 卷，人民出版社 1994 年版，第 332 页。

④ 李和中：《县区人大代表直接选举的调查及其分析》，《政治学研究》1998 年第 4 期。

⑤ Leslie Paul Thiele, *Thinking Politics: Perspectives in Ancient*, Modern, and Postmodern Political Theory, Chatham: Chatham House, an Imprint of Seven Bridges, 1997, p. 97.

自由结社的权利组织起来进行利益表达。转型期中国农村，"家庭和国家之间的组织，特别是那些能够跳出亲属和邻里关系的组织，现代中国在这方面的旧遗产是少得可怜"①，组织化表达的缺失是非制度化利益表达的重要原因。由于农民公民文化的缺失，使农民"没有生长出政治自主意识和独立人格，他们对政治存在严重的恐惧心理和冷漠感"②，使农民要么不愿参与政治表达自己的利益要求，要么在物极必反效应下以非制度化表达自己的利益要求。

（二）受教育程度较低使转型期中国农民"清官"情结难以消逝并引发农民非制度化利益表达

我国是一个具有两千多年封建专制历史的国家，农民长期生活在封建家长制度下，养成了无限崇拜个人权力的世界观，崇拜能保护他们利益的高高在上的权威，迷信能赐给他们阳光和雨水的救世主③。虽然在社会主义革命、建设与改革时期，传统文化的消极影响正在消逝，但是由于受教育程度较低，农民在传统文化中习得的行为模式以心理定式状态延续下来，影响着农民的思维与行为。2008年3月20日在昆明市长接待日的头天晚上，昆明市体育馆关闭的3号门前就已经有57人在排队等候被"接待"，有的市民甚至在门口打起了地铺，准备通宵等待，④这就是"清官"情结的反映。农民相信"政府一定会为我们做主"，相信"清官"，宁可把其利益的求助寄托于作为公正化身的"清官"身上，当找不到"清官"或所谓"清官"不能维护、实现和增进自己利益时，便以非制度化的方式表达自己的利益要求。

二　农民对自身利益缺乏理性认识

农民非制度化利益表达都是有意识的行为，这种意识在一定环境下又不是自发的，是受各种认识所影响的。对自己利益的感觉和认识是农民如何行为、怎样行为的动因。从广度上来说，农民对利益的认识，既包括对

①　[美]吉尔伯特·罗兹曼：《中国的现代化》，国家社会科学基金"比较现代化"课题组译，江苏人民出版社1988年版，第500页。

②　关海庭编：《20世纪中国政治发展史论》，北京大学出版社2002年版，第258页。

③　《马克思恩格斯选集》第1卷，人民出版社1995年版，第678页。

④　《熬夜打地铺昆明人等市长接访》（http：//news. sina. com. cn/c/2008 – 03 – 21/072013608801s. shtml）。

自身利益的认识，也包括对他人利益的认识；从深度上来说，农民对利益的认识，即包括对自身利益的理性认识，也包括对自身利益的非理性认识。对自身利益的理性认识与否将决定着农民利益表达的行为方式与行为手段。

农民对自身的利益认识存在差异，一般来说，不会存在全体一致的情形。同时，农民对自身利益的认识不是静止的，而是呈现一种动态的过程。在不同时期，不同社会发展阶段，对自身利益的认识是不同的，这种不同受制于多种因素的影响。首先，制度变迁的影响。我国的制度变迁基本上是由党和各级政府推动的强制性制度变迁，在自上而下的制度设计或制度变迁中，主导者常常从自己对利益的认识为出发点，并将这种认识灌输到农民当中，影响着农民对利益的认识。如村民委员会，党和政府在全国范围内对这种民主给予了很高的评价，这也影响着农民对这种组织的利益认识，但是当这种灌输的利益认识与实践脱节时，农民就会改变这种利益认识。其次，农民长期形成的传统习惯。利益多元化是转型期中国农村最突出的特点，并形成了多样的利益认识，这些利益认识不仅彰显出传统计划经济的影响，也体现出市场经济对农民利益意识的引发。在传统文化的影响下，农民已经习得了某些习惯，对利益的认识也随着习惯的改变而变化。再次，农民个体素质。农民在特定社会环境的影响下，由于文化素养不同，价值观念的差异，不断地改变自己对利益的认识，通过对自身利益的认识，明确自身的利益体现在哪里，该以什么样的行为才能够实现、维护自己的利益。最后，农民自身的需求。不同时期，农民的需求是不同的，这些需求的不同影响着农民对自身利益的认识，如有的关注经济利益，有的则较多关注政治利益。

（一）过多关注个体利益而忽视集体利益

中国农民是以务实著称的，在长期形成的习惯影响下，农民是缺乏集体利益认识的。虽然新政权的成立、社会主义制度的确立以及在互助组、人民公社化时期国家主导下的强制性制度变迁使农民对集体利益的认识有了一定的改变，但总体上来说，农民仍然未能有效地改变封建社会时期所形成的注重个体利益忽视集体利益的认识惯性。特别是随着家庭耕作制度的重新回归，个体利益、家庭利益成为农民利益追求的出发点和最终归宿，农民利益表达也总是在维护、实现和增进个体利益中运行。当个体利益不能得到有效维护与增进时，农民必然会采取非正常信访等非制度化方式。原子化的利益追求会导致原子化的利益表达方式，产生盲目性与无序性，对农村社会和谐与稳定产生不利影响。

（二）过多关注短期利益而忽视长期利益

在现实利益表达运行过程中，农民最大的担心是利益表达对其利益影响的不确定性，他们会根据对比自己利益的期望和利益表达所带来的现实利益或利益的实现程度来采取自己的行动。当他们在利益表达过程中能保证自己利益持续地发展时，他们一般会继续进行表达，当他们的利益没有在利益表达中得到保证，并且对未来的发展不确定时，则会通过非制度化的方式影响社会环境，以获取自己的利益。因此，农民总是在对自身利益认识的基础上选择自己的行为，制度化利益表达与非制度化利益表达方式的选择取决于农民自身对于利益表达活动给自己造成的利益影响的认识。

未来预期利益与现实利益成为农民选择行为方式的影响因素，农民对短期利益与长期利益缺少理性认识，总是想方设法以维护、实现和增进自己短期利益，当自己短期利益受到损害时，便会以非制度化的方式表达自己的利益要求，而将未来预期利益弃之一边。2009 年 7 月 24 日，"汉（口）宜（昌）铁路"施工方中铁十一局与当地村民发生纠纷，在施工方工人与天门市多祥镇张刘村六组、七组村民的两次冲突中，共造成 25 人受伤。事件起因于一个过铁路的涵洞（安全通道）。该铁路途经张刘村，横亘南北，正好将居住区与千亩良田分隔开，村民耕作需从安全通道过铁路，往返极为不便。因此，村民要求施工方在建铁路的同时，再增修一个涵洞方便出行。但是，在已设三座涵洞的情况下如果再增设第四个涵洞，不仅从设计施工上无法满足，而且也会留下工程隐患。① 从这个事件可以看出，农民为了实现短期的利益，即要求多增加一个涵洞，却使铁路建设工程受到阻碍，而铁路建成后的长期利益应远比农民获取一个涵洞的利益要大得多。况且，即使满足了农民短期利益，但由于安全隐患的存在，也会损害农民的长期利益。因此，农民在短期利益不能得到满足的情况下，就选择了以非制度化方式表达自己的利益要求，最终形成冲突事件。

同样，在对短期利益与长期利益缺乏理性认识的情况下，在一些村民

---

① 欣屏：《湖北汉宜铁路施工方与村民发生冲突 25 人受伤》（http：//news. sohu. com/20090729/n265570622. shtml）。

委员会选举过程中，部分村民总是局限于短期利益，对于选举出一个能有效代表农民利益、表达农民利益要求的村民委员会缺乏一种理性的认识。因此，获取短期、现实利益的结果可能选举出来的村民委员会在以后运行过程中会损害农民的长期利益，当由那些注重短期利益的村民选举出来的村民委员会在现实运行过程中损害农民短期利益时，便形成了农民与村民委员会的矛盾。

（三）过多关注经济利益而忽视政治权益

在现实生活中，由于整体素质较低，经济上还较为贫困，农民对于自身经济利益的关注要远远超出对其政治利益的关注，他们参与政治的效能感明显不足，对利益表达的认识不够，经常活动于国家政治生活之外，表现出明显的政治冷漠态度，只关注其经济利益的实现，忽视自己的政治权利以及由此可能带来的经济利益。山东省枣庄市山亭区在 2002 年底进行村民委员会换届选举时，该区某村经营油坊的李大奎打算竞选村委会主任，他在村民选举投票前，在街坊邻居间四处游说，并赠自家油坊的花生油票，声称："如果肯投我一票，本人当上村委会主任，可以凭此票到我家的油坊免费领取花生油 5 公斤。"短短两天时间内，李大奎便发送花生油票近 300 张。① 这个事件表现出农民对经济利益的关注要大于对政治权益的关注，如果农民对于利益的认识仅仅局限于眼前的、现实的经济利益，则很难将诸如选举权等权利获取作为目的，而仅仅将其作为实现现实利益的手段。如果农民的经济利益受到损害，通过其"理性"计算，就会放弃正当的途径，而寻求传统的习惯行为方式②，如非正常信访等非制度化形式。

第四节　基层政府对农民利益关注不够

各级政府是农民利益诉求的对象，并在综合、整理农民利益表达的基础上，使农民利益的实现成为可能。但在农村社会转型过程中，由于存在角色错位、责任意识缺失、关注中心变异及自利性等现象，基层政府及其

---

① 车洪波、郑俊田：《中国当代制度文化建设》，中国商务出版社 2004 年版，第 51 页。
② 刘云升：《农民权利及其法律保障问题研究》，中国社会科学出版社 2004 年版，第 218 页。

行政人员对农民利益关注不够，引发了农民非制度化利益表达。

一　基层政府角色错位

金盛华认为，在现实社会生活中，角色是个人自身与社会的桥梁，一个人担负什么样的角色，社会就会对其产生什么样的要求、期望和对待，因此，角色就是一定社会身份所要求的一般行为方式以及理解事物的态度和价值观。① 卢文学等认为，角色是指个人的社会身份，它表明了在种种社会关系中的地位、作用、权利、义务，反映了社会对个体的期望和要求，规定了个体行为的基本原则。农村基层政府及行政人员角色是指其基于一定社会地位、身份所形成的理解事物的态度和价值观所指导下的内在具有其权利与义务一体化的社会行为规范和行为模式的总和。农村基层政府及其行政人员都要依照社会对他们的期望去履行一定义务或职责、行使特定权力。在这一过程中，他们总是扮演着一定的角色，其社会行为也是一种角色行为。任何一种角色都有角色规范问题，如果角色行为超越了这种规范，则会出现角色错位现象。

在社会转型期当代中国现实的政治运行过程中，基层政府及行政人员一般都是特定社会政治架构下公共权力的主要执行者，他们的行为也即是政党及各种组织角色的外化。在一个民主社会中，"表达自由是内在的、根本的价值"②，而表达自由是农民利益表达的前提和基础，"没有表达自由，就不能称之为民主政治；没有表达自由，就无法产生民主政治；没有表达自由，就不能维持民主政治"③。表达权的确认和保障是农民利益表达的基础和条件，而表达权的确认和保障有赖于转型期中国农村基层政府及其行政人员正确界定自己的角色。

农村基层政府角色出现错位导致农民利益表达权的失落，影响了农民利益要求的表达与传递，造成了农民非制度化利益表达。首先，农民利益表达权被越位。农民利益表达权被越位主要是转型期中国农村基层政府干了不该干的事或管了不该管的事，直接包揽了属于农民利益表达的权利，即基层政府超越其本来的职责与权限，任意破坏或包管本应属于农民的利

---

① 金盛华编：《社会心理学》，高等教育出版社 2005 年版，第 62 页。

② Sidney Hook, *Philosophy and Public Policy*, Carbondale：Southern Illinois University Press, 1980, p. 128.

③ 甄树青：《论表达自由》，社会科学文献出版社 2000 年版，第 116—117 页。

益表达权利，造成农民非制度化利益表达的产生。其次，农民利益表达权被缺位。农民利益表达权被缺位是指转型期中国农村基层政府未能扮演好自己应该的角色，未能履行好自己应尽的职责，以致在某些领域出现了真空现象。比如在农村社会转型过程中，一些基层政府往往认为农民的利益表达会妨碍当地的经济发展，不利于提高自己工作效率，损害自己的形象或政绩表现，因此，忽视、压制农民的表达权和利益表达行为，最终导致农民非制度化利益表达的产生与扩展。最后，农民利益表达权被虚位。农民利益表达权被虚位是指农民表达权仅仅停留在口号化倾向上。在社会转型过程中，一些农村基层政府及其行政人员大谈"保障农民的表达权"，好像不讲"保障农民表达权"，就不是好的、称职的基层政府；不说"保障农民表达权"，就不是以人为本，就不是一心为民，所以，在台上高呼保护农民的利益表达权，而在实践中却得不到任何反映，往往有意或无意地排斥、拒绝农民的利益表达，导致了农民非制度化利益表达的产生。

　　转型期中国农村基层政府及其行政人员角色的错位，使其不能遵循自己的角色规范，不能认真履行自己的工作职责，因此导致农民非制度化利益表达的产生。肥东县张集乡民兵村小蔡和田埠徐两个自然庄间的道路在1997年就已建成，此后十余年没有再修缮。2009年6月前，乡政府曾对该路段进行了修缮，由于村民没有集资，政府财力有限，修缮后的路仍然是一条土路，村民行走十分不便，因此村民坚持要求修成水泥路。但乡政府考虑到该路非主要干道，没有答应村民的要求。2009年6月30日下午1时许，肥东县张集乡民兵村小蔡和田埠徐两个自然庄的部分群众，来到张集乡政府大院，因要求政府给他们所在的两个自然庄之间修通水泥路未果，争执中，村民们摘下了乡政府"肥东县张集乡人民政府"的铜牌，村民徐某将乡政府的牌匾拖到废品收购站出售。政府工作人员见状上前劝阻，遭到追逐和殴打。① 在这一事件中，基层政府及其行政人员就出现了角色错位现象，进而导致了农民非制度化利益表达的产生。

二　基层政府责任意识缺失

　　转型时期农村基层政府的责任意识就是指对农民利益表达的发生、发

---

① 罗婷、王圣志：《安徽一乡镇村民要求修路未果竟摘乡政府牌匾卖废品》（http://news. xinhuanet. com/society/2009 – 07/20/content_ 11739931. htm）。

展表示主动的关心，并从行为上表现出积极地推动和满足农民利益要求的一种自觉意识和态度。在复杂的农村社会转型过程中，责任意识较强的基层政府及其行政人员能"知道自己这个岗位、这个环节在国家政治生活中，在整个工作全局中所处的位置和作用，自觉做好职权范围内的事"①。

缺失责任意识使农村基层政府及其行政人员不能从思想上认识和处理农民利益表达问题，失去了处理农民利益表达问题的积极性和主动性，并在工作中不能正确处理自己的利益与责任问题，并因此造成了农民非制度化利益表达。一是不愿负责。在社会转型过程中，一些农村基层政府及其行政人员不再把责任看成高于一切，不再把人民利益看成高于一切，因为不愿负责任、不负责任，给农民的生命财产造成严重损失的事件不断发生。在农村社会转型时期，基层政府及其行政人员责任意识的缺失，使其高高在上，满足于听听汇报，看看材料，对农民的利益表达要求或不闻不问，或故意缩小和轻描淡写，认为是小题大做，把农民利益要求弃之一边，使农民利益表达受到阻碍，导致农民非制度化利益表达的产生。二是只对上负责而不对下负责。在自上而下的管理体系下，缺乏来自于自下而上的监督，一些农村基层政府及其行政人员"对上是一副面孔，唯唯诺诺、满脸堆笑；对下则是另一副脸面，颐指气使、专横跋扈"②。这就会造成转型期中国农村基层政府及其行政人员对农民利益表达的漠视，使农民利益表达渠道发生体制性断裂。2009 年 11 月 5 日，66 岁的河北省承德市牛圈子沟镇下二道河子村村民王秀珍来到镇政府要求解决拆迁补偿问题。该镇党委书记史国忠以要开会没时间、不熟悉情况为由，让王秀珍"别找我，反映也没用"。王秀珍大哭，说："史书记，您别走，您这儿都不管了，我去找谁，要我去跳楼啊！"史国忠却说："这我还管不了，一楼二楼别去啊，要去就去（跳）五楼。"说完，甩手离开。③ 由于农民的利益要求得不到正常表达，农民的声音无法通过这种渠道有效地传递，下层农民的利益诉求无从上达，基层政府及其行政人员对农民利益表达不承

①　陈俊宏编：《加强和改进思想政治工作学习读本》，中共中央党校出版社 1999 年版，第 231 页。

②　徐爱民：《对上负责与对下负责》，载本书编委会编《党风廉政言论 123 篇》，中国方正出版社 2006 年版，第 6 页。

③　张涛：《劝上访户去"跳楼"镇党委书记被免职》（http://news.sina.com.cn/c/2009 - 12 - 10/062116748795s. shtml）。

担责任，① 农民利益要求不能通过制度化方式表达，其结果必然导致非制度化利益表达的发生与扩展。

三　基层政府关注中心变异

转型时期农村基层政府角色的错位往往不易被农民察觉，所以在一定意义上来说是隐蔽的，但转型时期农村基层政府及其行政人员关注中心的改变，却是十分明显的。在农村社会转型过程中，一些农村基层政府将其所掌控的资源都聚集到关注点中，而对其他关注则较少，进而引发了农民非制度化利益表达。

在改革开放以前，农村基层政府关注的中心是如何动员农民参与到国家政治生活中，如何增强对农村的社会控制，增强农民对国家的认同。随着家庭耕作制度的重新回归以及村民委员会的出现，党和国家对农村控制力减弱，而更多的是加强了对农村的思想教育工作。出于发展的特定需要，在以经济建设为路径变迁的制度改革中，基层政府及其行政人员关注的中心发生了变迁，从对农村加强控制转移到提高农村的经济发展水平。农村基层政府都将 GDP 增长作为其关注中心，层层下达经济增长的指标，将经济增长速度作为衡量地方政府行政人员政绩的基本标准②。一方面，增加了农村基层政府对经济建设的过度关注；另一方面，必然会造成农村基层政府以行政手段对经济生活的直接干预，造成市场经济发育、发展的畸形。

在 GDP 中心论的情况下，农村基层政府在对待农民利益表达方面，总是认为农民利益表达就是给政府找事，政府需要花费太多的资源去处理、解决，从而不仅造成经济发展环境的损坏，而且因重新配置资源以解决农民利益表达而使经济发展速度受到影响。所以，农村基层政府在淡漠处理的基础上，甚至还打压农民的利益表达，造成农民非制度化利益表达。同时，由于农村基层政府过于关注 GDP，对除经济发展以外的其他公共性事务的兴趣减弱。在不少地方，农村公共事业管理不善，农村科技和教育陷入困境，文化环境和自然环境的破坏日益严重，农民生存环境受

---

① 朱联平：《转型期社会弱势群体的利益诉求与执政党利益表达功能的发挥》，《社会主义研究》2006 年第 1 期。

② 杨龙编：《发展政治学》，高等教育出版社 2006 年版，第 285 页。

到威胁，导致农民非制度化利益表达的产生。河南信阳市双井乡冯湾村大杨湾组有一个海虾加工厂，工厂流出来的脏水不仅污染了附近的河道，发出的臭味也让村民难以忍受。当地农民向基层政府有关部门反映均无果。随着天气越来越热，村民实在忍受不了，为阻止其排污，连日来，该村村民自发排班，自发组织起来，每 5 个人编成一班，每天 24 小时轮流在路口值守，不让该厂的送料车进去。① 这就是因为当地农村基层政府只关注经济的增长，而忽视了农民的生存环境，正如阿尔伯特·奈伯格（Albert Nyberg）等所言，地方在保护环境方面没有取得任何成就缘于转型期中国农村地方政府的经济发展导向。② 农民在生存受到威胁而又表达无果的情况下，必然会自发进行非制度化利益表达。

四　基层政府的自利性

根据公共选择学派的基本理论，一些民选官员和政治家都具有经济人的基本属性，在经济人假设下，其行为都具有利己性和理性的基本特点，在行为中依据个人的偏好在经济人假设下以有利于自己的方式、手段进行活动。因此，基层政府及其行政人员在农民利益表达中总是以有利于自己生存与发展的思维方式来看待、处理农民利益表达问题，这也有可能使其在选择自利性的同时，对农民利益表达的整体态势的发展产生消极影响，使农民利益表达行为的发展方向变得具有不确定性，导致了非制度化利益表达的产生。比如，当农村基层政府处于维护农村稳定这一政绩考核体系下，农民进行利益表达，即使这种利益表达是理性的、制度化的，出于对造成混乱的担心，基层政府会通过对舆论控制等以影响农民利益表达的外部环境，虽然能从总体上改变农民利益表达的发展态势，达到基层政府维护稳定的自利目标，但对于农民利益要求的实现则是不利的，并因此造成非制度化利益表达。

农村基层政府的自利性在不同时代表现程度也存在较大差异，随着国家政治体制的改革，特别是实行分税制后，基层政府的自利行为越来越严重。特别是在转型时期的一些农村地区，"地方领导经常赋予一些机构运

---

① 何正权：《加工厂污染严重村民排班阻止送料车》（http://news. sina. com. cn/c/2009 - 07 - 24/071218287452. shtml）。

② Albert Nyberg & Scott Rozelle, *Accelerating China's Rural Transformation*, Washington：World Bank, 1999, p. 104.

用资源控制的权力来保障他们正常的工资收入及其他方面的支出"①。陈桂棣、春桃也在《中国农民调查》一书中指出："随着一系列'分权让利'趋向很强的改革措施,以及'分灶吃饭'的财政包干政策的相继出台,各级政府和部门之间形成了一个泾渭分明的利益关系,于是那些拥有国家权力又'分兵把守'农村经济发展各个领域的部门,便迅速成为既垄断权力又追求利益的行为主体。"② 转型期中国农村基层政府自利性的膨胀使其忽视了农民利益要求,忽视其公共产品提供的职责。一些农村基层政府在以地生财的口号下,因自利性行为损害农民利益的现象较为严重,因此造成了大量非制度化利益表达。以湖南嘉禾在城市化建设中出现的拆迁事件为例。县政府为了该县的发展,推动城镇化建设,打出标语,"谁影响嘉禾发展一阵子,我影响他一辈子""谁不顾嘉禾的面子,谁就被摘帽子,谁工作通不开面子,谁就要换位子"。③ 这就是典型的公共权力机关利用人民所授予的权力来维护和实现自己的利益,为了本部门的利益,不惜损害农民的利益,在政策执行与调整中对农民的利益表达进行压制,最终影响农民利益表达行为的发生与发展,引发农民非制度化利益表达。

---

① Albert Nyberg & Scott Rozelle, *Accelerating China's Rural Transformation*, Washington: World Bank, 1999, p. 105.

② 陈桂棣、春桃编著:《中国农民调查》,人民文学出版社 2004 年版,第 171 页。

③ 秋风:《维护权利与权力的平衡点——2004 年的公共生活》(http://politics. people. com. cn/GB/1026/3101005. html)。

第三章 完善与拓展农民利益表达渠道

在社会转型过程中，如果农民利益要求在传递过程中受到阻塞或停滞，就会造成非制度化利益表达的产生与扩展。为了维护转型期中国农村社会稳定，减少或防止农民非制度化利益表达，维护、实现与增进农民利益，必须完善原有农民利益表达渠道，如畅通信访渠道、完善人民代表大会制度、增强中国共产党表达农民利益要求的能力、充分发挥人民政协利益表达功能及提高大众传播媒介利益表达能力。同时，根据转型时期中国农村政治发展的现实，可以将民主恳谈会、听证会、社情民意调查、农民网站等作为农民利益表达渠道拓展的具体形式。

第一节 完善原有农民利益表达渠道

中国共产党在革命、建设与改革各个时期，在解决"三农"问题上积累了丰富的成功经验，其中较重要的一条就是始终重视和解决农民利益表达问题，并围绕解决农民利益表达问题构建了多元化的利益表达渠道，使农民利益要求能畅通地表达。但是，随着时代的变迁，一些原生态的利益表达渠道在传递农民利益要求方面时间过长、效率低下，因此导致非制度化利益表达的产生，影响着农民根本利益的实现、维护与增进。鉴于此，必须对原有农民利益表达渠道进行完善，提高它们传递农民利益要求的效率。

一 畅通信访渠道

鉴于信访制度作为农民利益表达渠道在现实政治运行过程中出现的众多问题，2010 年中央"一号"文件将畅通农村信访渠道作为统筹城乡发展、夯实农业农村发展基础的重要工作之一①。也有研究者根据自己的研究提出了改革和完善信访制度的对策措施。在金国华、汤啸天编的《信访制度改革研究》一书中，详细地阐述了信访制度改革的必要性，改革的难点及重点，并提出了信访制度改革的一些具体措施，②为我们改革和完善信访制度提供了一定的借鉴。信访制度改革是一个系统工程，其改革和完善也是一个长期过程，笔者只是从农民利益表达渠道的角度，根据转型期的中国农村现实来考量信访作为农民利益表达渠道的应然状态与实然状态差异，并探寻一些措施，以充分发挥信访作为农民利益表达渠道的优势，减少或防止非制度化利益表达。

（一）主动下访

虽然在转型期中国，无论是在纵向结构还是在横向结构上都存在着多层次的信访机构，可以说，这些信访机构为农民进行利益表达提供了众多可以利用的渠道，也为减少或防止农民非制度化利益表达做出了极大贡献。但是，在转型期中国信访的工作实践中，多年来，普遍采用"坐堂等访"式工作方法。这种传统信访工作方法使信访工作处于被动状态，"有农民信访，才有处理问题的依据，缺乏发现问题的主动性"③，被动"等访"式工作方法不能在政策、工作前进行充分的估计、了解农民利益要求，不能针对可能出现的非制度化利益表达提出预案和应对措施。

信访机构由被动"等访"变为主动走访是信访改革和完善的路径之一。受制于传统文化的影响及农民自身素质，农民的利益表达经常是非自觉的、被动的，即只有感到自己利益受到侵害时才起来维护和增进自己的利益，并在此基础上形成利益表达。因此，在社会转型的当代中国，信访机构在处理和解决农民利益表达时应针对这一特点，做好主动下访工作，有效地减少或防止农民非制度化利益表达的产生与扩展。

首先，主动深入基层、深入农民，化解农民信访热点和难点问题，从最原生态问题、矛盾入手，了解农民的利益要求，并在基层认真处理和解决农民利益要求，这是变被动为主动的关键，也是有效减少或防止农民非

---

① 《中共中央国务院关于加大统筹城乡发展力度　进一步夯实农业农村发展基础的若干意见》，人民出版社 2010 年版，第 23 页。

② 金国华、汤啸天编：《信访制度改革研究》，法律出版社 2007 年版。

③ 赵巍、李炳亮：《农民利益表达问题分析与对策》，载周伟文、王丽萍编《2005—2006河北省社会形势分析与预测》，河北人民出版社 2006 年版，第 130 页。

制度化利益表达的重要措施。

其次，信访由被动到主动的转变并不仅仅表现在深入基层，而且还表现在信访要从简单地反映社情民意转变到向有关部门及时提供农民利益表达信息，并将这些处理结果及时反馈到农民中。通过渠道的畅通，使农民知道、了解自己的利益表达要求传递与处理情况，就会在一定程度上避免农民再次上访或以其他非制度化方式表达自己利益要求的行为。

再次，信访工作也要从向农民宣传解释党和政府的政策转变为深入农村调查研究，了解农民利益要求，参与某些政策的制定，并将农民利益要求输入到政策中。农民在输出政策中看到了、体验到了自己的利益要求，就可能减少非制度化利益表达发生的概率。

最后，为了维护和实现农民的利益，信访工作从一般性地接收信访信息转变到对政策进行监督、检查，对有关部门的推动协调上来。通过有效地监督、检查有关部门的行为，使农民利益表达受到重视并得到有效解决，从而有效减少或防止农民非制度化利益表达。

（二）积极利用电子信访

"电子信访是指公民、法人和其他组织采用电子邮件形式通过互联网向各级人民政府、县级以上各级人民政府所属部门反映情况，提出意见、建议和要求，依法应当由有关行政机关处理的活动。"[1] 随着电子信息技术在政府工作中的应用，电子政务逐渐成为未来政府工作的主要方式。因此，通过电子邮件进行信访的电子信访范围及方式也在逐渐扩大，特别是现在各商业网站提供的在线"一对一"服务，即在线问答的方式为电子信访提供了一个思路。所以，朱颖将这种"一对一"服务的方式也纳入到电子信访的范畴中[2]。虽然电子信息化在转型期中国农村的发展还处于起步阶段，许多农村还不具备网络接入技术与设备。但是我们相信，随着转型期中国农村经济的发展，农民收入的持续增长，特别是上网费用、电脑硬件等价格的下降，网络走入农户家中也不会需要太长时间，对于现阶段有条件接入网络的农村地区，可以进行电子信访的实验。

与传统的信访方式相比，在社会转型过程中，农民利用电子信访进行

---

① 王浣尘编：《信息技术与电子政务——信息时代的电子政府》，清华大学出版社 2004 年版，第 80 页。

② 朱颖：《我国政府推进电子信访进程中的问题与对策》，硕士学位论文，吉林大学，2005年，第 6 页。

利益表达至少可以带来以下好处。一是电子信访有效沟通了党和政府与农民的联系。通过电子信访，"将信访的方式电子化，将信访受理的时间全日化，把信访的方便让给全社会。从而，加强了党和政府与人民群众的联系，拓宽了信访渠道"。① 农民可以直接将自己的利益要求传递到有关部门中，并可能会在政策决策过程中体现出来，因而有效地减少或防止了农民非制度化利益表达。二是提高了信访机构处理农民利益要求的效率。电子邮件或"一对一"的在线对话具有方便、快捷的优点，信访工作人员免去拆阅信件的麻烦，减轻了负担。同时，信访工作人员可以充分利用网络信息传输快的特点在网上处理信访事项，通过对大量信访邮件或在线对话结果进行准确统计、合理分类、科学分析和及时处理，大大提高信访部门处理农民利益要求的工作效率。工作效率的提高加速了农民利益表达信息的反馈速度，使农民很快知道、了解自己信访处理情况，有效地降低了农民上访发生的概率。三是电子信访降低了农民利益表达成本。电子信访的特点是"公民与政府之间直接沟通"②，农民节省了到有关部门进行信访的时间与空间成本。

（三）加强信访协调

虽然在转型时期的当代中国存在着多层次、宽幅度的信访机构，但各机构隶属关系存在差异，多部门的存在使农民不知道应采用哪条信访利益表达渠道来反映自己的利益要求。同时，在处理农民利益要求过程中，信访部门缺少足够的权力。多种原因导致转型期信访工作在实践中处于一种不协调状态，影响了信访工作效率，降低了农民对党和政府有关部门的认同，阻碍了农民利益要求的表达与实现，也导致了农民非制度化利益表达的产生，这迫切需要加强信访工作协调。笔者认为，在转型期中国，加强信访工作的协调应从以下几个方面着手：

1. 实现信访信息共享

信息是一种重要资源，而资源的共享决定着信访机构效率的高低。2005 年 5 月 1 日施行的《信访条例》明确规定国家信访工作机构充分利用现有政务信息网络资源，建立或确定本地区的信访信息系统，并与上、

---

① 王浣尘编：《信息技术与电子政务——信息时代的电子政府》，清华大学出版社 2004 年版，第 81 页。

② 同上书，第 80 页。

下级政府及其他部门信访信息系统实现互联互通。① 这样规定，一方面，有利于农民在当地提出信访事项，并查询事项办理情况，减少或防止农民越级上访等非制度化利益表达；另一方面，方便各级信访部门了解农民的现实需要，为主动卜访提供了一定的信息帮助，有效地将农民非制度化利益表达行为消解于行动之前。

2．整合信访部门，充分发挥信访部门整体合力

信访部门的分散化无形中弱化了转型期信访的合力，增加了农民越级上访等非制度化利益表达发生的概率。因此，于建嵘提出把目前分散在各个职能部门的信访办公室整合起来，归各级人民代表大会领导，让人民代表根据来信来访行使对一府两院的监督②，其实质就是增加转型期信访机构的权力，使信访机构有权对农民的利益表达进行处理，进而减少或防止农民非制度化利益表达。

3．引导农民归口反映

除了要做好信访工作部门的硬件与软件建设之外，加强信访工作部门的协调，减少或防止农民非制度化利益表达也离不开对农民的引导。让农民了解在社会转型过程中各级信访机构受理的事项范围及其职能、职责，让农民知道维护、实现和增进自己的利益除了进行信访外，还可以通过其他利益表达渠道来进行。通过引导农民合理有序信访，不仅可以降低农民利益表达成本，提高农民利益表达效能，而且对转型期信访秩序的稳定与有效运行也具有重要意义。

二　完善人民代表大会制度

作为农民利益表达渠道的人民代表大会由于其特定的政治、法律地位，使其在代表农民利益要求进行表达方面具有无可替代的优势，体现了农民利益表达权利平等的原则，体现了国家和中国共产党对农民利益表达的重视，有助于增强农民利益表达效能，从而有效地减少或防止农民非制度化利益表达。所以必须根据转型时期中国农村现实，继续完善人民代表大会制度。

（一）改革和完善代表名额分配制度

---

① 汪永清编：《信访条例释义》，中国法制出版社 2005 年版，第3—4页。
② 于建嵘：《中国信访制度批判》，《中国改革》2005 年第 2 期。

　　由于在各级人民代表大会中农民代表数量较少，不能有效地表达农民声音、增强农民话语权，必然使农民利益受到损害。"农民利益缺乏真正意义的政治表达是中国农村逐渐衰落和农民沦为弱势群体的主要原因之一。"① 因此，为了使农民的利益要求能得到有效表达，必须改革和完善人民代表大会的名额分配办法，维护和保障农民的利益。正是因为此，党的十七大提出，"逐步实行城乡按相同人口比例选举人大代表"②。2010年 3 月召开的十一届全国人大三次会议将《选举法》中的第十六条修改为："全国人民代表大会代表名额，由全国人民代表大会常务委员会根据各省、自治区、直辖市的人口数，按照每一代表所代表的城乡人口数相同的原则，以及保证各地区、各民族、各方面都有适当数量代表的要求进行分配。"但是，如何在实践中真正保证这项原则的实现则是一个应着重关注的课题。

　　（二）改革和完善代表提名制度

　　在社会转型时期的政治构架下，各级人民代表大会的代表一般都是自上而下产生与提名的，这种政治设计不能很好地适应农民利益表达的需要。所以，为了维护和实现农民的利益，有必要对这种代表产生与提名办法进行改革。改革的目标就是构建自下而上的农民代表提名制度，明确规定，农民代表不应由有关组织或上级人大会等机关提名，而应由农民根据转型时期中国农村实际，在符合农民意愿的基础上，自己提出人大代表候选人，即实行农民代表自下而上的民主提名，未获得足够提名的，不能作为农民人大代表候选人。这种自下而上的代表提名方式，调动了农民利益表达的积极性，使农民更加关注政治，更加关注自己权利的行使，进而减少或防止农民非制度化利益表达。对于当选的代表来说，由于是名副其实的民选代表，能真正代表农民的利益要求，同时其产生的方式又使其活动受到广大农民的监督。这样，农民代表就在政治实践中自觉地践行作为农民代表的职责，主动维护和表达农民的利益要求。

　　（三）引入必要的选举竞争机制

　　选举是公民按照一定的程序表达自己意志的行为，是实现民主政治的

　　①　田永胜：《中国之重——32 位权威人士解读"三农"问题》，光明日报出版社 2005 年版，第 141 页。

　　②　胡锦涛：《高举中国特色社会主义伟大旗帜　为夺取全面建设小康社会新胜利而奋斗》，人民出版社 2007 年版，第 29 页。

根本途径，可以说，没有选举就没有民主①。从某种意义上说，有选举必然有竞争，一是竞争是现代民主政治的重要原则。竞争是市场经济的根本规律，现代民主是随着市场经济的不断发育而逐渐成熟的，因此，竞争性选举也是现代民主政治的重要原则，它体现了代议制民主的基本特征。二是竞争性选举是现代民主选举的基本技术。通过竞争性选举，使选民能对候选人有较深的认识，同时使这种选举更富有挑战性，承诺的兑现也使候选人更加注重选民的利益。三是竞争性选举能够使民主更加货真价实。竞争性选举使候选人不得不与选民们保持一种相对紧密的联系。由于竞争性选举能为政治体系带来较大好处，所以西方国家大都在选举中采取了竞争性选举原则。

但"竞选制不是资本主义所独有的，它是市场经济和民主制度发展的必然产物"②，因此，根据竞争性选举的核心思想，社会主义国家的人民代表也可以实行竞争性选举，当然这种竞争性选举与西方资本主义国家的竞争性选举有着实质的不同，它不是为了某些阶层、阶级的利益，而是服从于整个国家或集体利益，克服了西方资本主义竞争性选举的短视效应，使候选人能更多地代表被代表者的利益。同时，由于我国人民代表的选举本身实行的就是差额性选举，即"有选择的推举……既然是差额选举，候选人名额多于应选名额，结果必然有谁当选谁落选的问题，这里原本就存在着竞争"③。这种竞争事实的存在，为转型时期中国农村开展竞争性选举提供了一个事实的土壤。因此，社会主义国家民主政治的发展及竞争性选举事实的存在，为构建竞争选举机制提供了可能。当然，"竞争的目的是为了保证更符合民意的优秀分子当选，增强当选代表代表选民的意志力"④。因此，为了使农民代表更多地走入农民生活中，更多地代表农民的利益，更多地倾听农民的声音，表达农民要求，可以根据转型期中国农村政治民主发展的情况，在一些农村地区开展竞争性选举的实验，使农民能有效地表达自己的利益要求。

（四）加强代表与农民联系的制度化建设

---

① 马奔：《民主政治：构建和谐社会的本质要求》，载刘德龙、包心鉴编《和谐·文明·发展·进步》，山东人民出版社 2006 年版，第 723 页。

② 李良栋等：《中国政治文明建设》，中国水利水电出版社 2005 年版，第 95 页。

③ 欧日胜编：《人大监督与人大工作实务》，中国长安出版社 2006 年版，第 396 页。

④ 李良栋等：《中国政治文明建设》，中国水利水电出版社 2005 年版，第 50 页。

从转型期中国农村的实际工作来看，要加强农民代表与农民的联系制度建设必须做到：一是双向联系的制度化。要使农民代表经常走入农民当中，了解农民的需要，不论是会议前的调查还是会议后的反馈，都需要经常性的、制度化的联系方式。这样有助于农民代表及时、全面了解农民利益要求。农民也要经常向代表反映自己的利益诉求，将自己的不满、建议等表达出来。二是监督、罢免的制度化。农民代表是农民自愿选举产生的，对农民负责，受农民监督。通过这种监督、罢免权力的行使，农民代表会更加积极主动地与农民进行联系，沟通了农民与代表之间的联系，有效地减少或防止农民非制度化利益表达。

（五）加强监督制度建设

从理论上来说，在代议制民主下，农民选出自己的代表，是为了让代表能代表自己的意志和利益去直接行使国家权力。但是，代表是否真正地、始终地代表农民，农民只能通过对代表的监督来检验。因此，对于农民来讲，监督代表是一种不可或缺的权利，舍此，农民就无法使自己选出的代表始终代表自己，对于代表来讲，接受农民的监督也是一项不可推卸的义务[1]。

农民对于代表的监督主要是看代表是否积极深入到农村，了解转型时期中国农民真实利益要求；是否认真听取和反映农民的意见和要求，为农民利益而表达；是否忠实履行代表职责，维护、发展和实现农民的根本利益。结合转型期中国农村的实际，可以从两个方面构建农民对其代表的监督机制。首先，构建农民代表的述职制度。"人民代表由选民选举产生，向选民述职，就是一种有效的监督形式。"[2] 农民代表述职的过程，就是接受农民监督的过程，"有了这个监督，人大代表就会倍加努力地工作，真正行使好自己的权力，真正当好人民代表"[3]。当然，农民代表向农民述职，接受农民评议只是手段，其主要目的是提高农民代表表达农民利益要求的自觉性。其次，赋予农民更多的参与机会。密尔认为，赋予劳动阶级在地方层次上最大程度的参与机会，这样他们可以发展出必要的品质和技能来评价代表们的活动，监督代表使其更加负责。通过农民参与的政治

---

① 夏禹龙编：《社会主义初级阶段的基本纲领》，上海人民出版社 1999 年版，第 249 页。
② 吴利平：《中国转型期的公民政治参与》，贵州人民出版社 2005 年版，第 111 页。
③ 同上书，第 112 页。

实践，可以有效地确保当选代表与农民间的利益代表关系，并能有效地监督其代表的行为。将代表活动置于农民的监督之下，加强了代表与农民之间的联系，使农民利益要求能通过制度化渠道得以表达。

三　增强中国共产党表达农民利益诉求的能力

在社会转型过程中，虽然中国共产党作为农民利益表达渠道的优势与其应然状态存在差异，但在社会转型期中国特殊政治体制下，只有中国共产党的利益表达信息最容易进入政策决策过程。因此，为了有效地减少或防止农民以非制度化方式表达自己利益要求，增加农民利益表达效能，必须增强中国共产党表达农民利益要求的能力，以适应转型期中国农村社会利益分化及农民的现实需要。

（一）党要深入到农村，做好农民的利益表达工作

政党的根基在基层，政党只有获得基层群众的认同，才能使其利益表达功能得到充分发挥，渠道得到充分利用。在国外，各政党的利益表达功能在党的各级组织中都得到充分体现。各政党纷纷走向基层，充分听取基层群众的意见、建议，并将这些意见与建议在自己的竞选政策中体现出来。比如，美国政党组织为了配合选举，设置"投票区委员会"这种"草根组织"，委员会成员加强与选区内选民的沟通与交流，结识和联络区内的选民，培养感情。他们通过各种形式，如设立俱乐部，组织棒球、高尔夫球队等，找机会同选民打交道，了解他们的政治背景和政治态度。甚至帮助选民排忧解难，周济贫困，介绍工作。① 政党将工作重心放在基层，注重基层群众的利益表达，能较全面、准确地掌握基层选民的利益要求，把这些要求输入到政党竞选纲领中，赢得选民的认可与支持。

对于中国共产党来说，其根本性质是代表最广大人民根本利益，因此，深入基层，了解农民的利益要求是中国共产党应有的职责。中国共产党在全国各地完善的组织体系，使其也有较好的条件听取基层特别是农民的利益要求。为了进一步完善中国共产党作为农民利益表达渠道的优势，使农民利益要求能得到全面、真实、有效表达，必须使党的各级组织关注基层，关注转型期中国农村，特别是关注农民现实的利益要求，获得农民的认同与支持，这不仅有利于维护、实现和增进农民利益，也有利于中国

---

① 周淑真：《政党和政党制度比较研究》，人民出版社2001年版，第45—46页。

共产党执政能力的提高、执政地位的稳固。

（二）党要创新利益表达形式，广泛听取农民利益要求

在西方，"政党不同于官僚集团或利益集团之处在于其注重的是选举市场而不是金钱"①，面对选举获胜的艰难，世界各国政党都加强了自己利益表达功能建设，努力为各个阶级、阶层等利益主体的利益表达提供较为畅通的渠道。为此，各个政党都加强了对新型的、符合时代发展，特别是符合信息化发展的利益表达渠道的投入与建设，使政党的利益表达渠道日渐拓展。如1995年，德国社会民主党率先在因特网上建立网页，使人们能够克服时空限制，随时随地了解政党领袖的言行、政党的活动安排及政策主张。法国社会党不仅利用互联网宣传党的思想和历史，而且定期组织网上见面会，让党的各级领导人直接与党员、选民、同情者对话；在网络上全程转播党的代表大会。② 通过这些利益表达渠道的构建，各政党很容易了解到各个阶层、阶级的利益要求，并使这些利益要求传递更为迅速、真实与直接，增加了与利益主体的联系，增强了政党的群众认同。

随着中国社会转型的加快，面对日益分化的农村利益格局，中国共产党传统的组织体系正在经受考验，这种层级式传递的利益表达渠道也因此不得不面对信息化的挑战。在目前情况下，中国共产党应有条件地利用现代化信息技术，构建一个快速、真实传递信息的利益表达渠道。虽然处于转型期的中国农村网络普及率总体上还较低，但在发达地区的农村，网络已渐成为农民生活中的一部分。因此，应在这些地区建立一些试点，根据实践情况，再有步骤地向全国进行推广。除此之外，中国共产党还应根据转型时期中国农村民主发展的实践，结合转型期中国农村现实，不断开辟新的利益表达渠道为农民所用，使农民言有对象，诉有听者，从而避免以非制度化方式表达自己利益要求。

（三）广开言路，倾听其他群体、阶层声音

在一些发达国家，政党除了充分利用好自身的利益表达渠道外，还通过各种各样的政治社会化活动，调动各类阶层、阶级参与到政治中，如政党活动、竞选、选举投票、全民公决、决策研究、政治共询、政治诉求、

---

① Harvey L. Schantz, *American Presidential Elections: Process, Policy, and Political Change*, P, Albany: University of New York Press, 1996, p. 151.

② 袁峰：《网络社会的政府与政治：网络技术在现代社会中的政治效应分析》，北京大学出版社2006年版，第169页。

在媒体上进行政府讨论、利益集团活动、网上参政①等，让利益表达主体有进行利益表达的机会，让他们畅所欲言，发出自己满意与否的声音。这使得政党能广开言路，倾听各方面的呼声，既维护了政治稳定，又有利于政党对整个社会利益进行整合。

农民的利益表达不仅仅只对农民这个群体或阶层产生影响，同时也影响着其他群体、阶层。在从传统、封闭的农村社会向现代、开放的工业社会变迁过程中，因资源占有的缺乏，身处弱势的农民群体不能有效地发出自己的声音，"他们不能代表自己，一定要别人来代表他们"②。在此情况下，其他群体、阶层对农民的关注，为农民呐喊就显得尤其重要。因此，执政的中国共产党，在农村社会转型过程中，应通过各种渠道或途径调动其他群体、阶层参与到政治中，多层次地、有序地表达他们的利益要求，间接地减少或避免农民非制度化利益表达，维护转型期中国农村社会的和谐与稳定，提高政党的认同度。

四 充分发挥人民政协利益表达功能

人民政协作为农民利益表达渠道不仅有助于民主的实现，而且有助于增强农民利益表达的真实性，提高利益表达的效能，增强各级政府的回应度，表现出自己独特的优势。但人民政协"在政治协商方面也存在着一些明显的不足。如政协委员的产生主要是由各级党委推荐，缺乏必要的竞争性择优机制；相当一部分政协委员的参政议政意识和能力还较差，提案质量不高；政协的民主监督权缺乏适用的法律保障，从而降低了监督的实际效力"③。如何在社会转型加速、利益格局调整和各利益群体之间的差别和矛盾有所扩大的情况下，充分发挥人民政协这一利益表达渠道为农民服务是社会转型期中国政治发展过程中的关键课题之一。为此，必须增加农民委员及农民问题专业委员会；提高人民政协涉农提案质量；增强人民政协的民主监督功能；充分利用现代化信息技术，方便农民利用政治协商机构利益表达渠道。

（一）增加农民委员及农民问题专业委员会

---

① 董建萍：《当代资本主义民主发展的若干成果及态势》，《云南行政学院学报》2004年第4期。

② 《马克思恩格斯选集》第1卷，人民出版社1995年版，第678页。

③ 俞可平：《中国政治发展三十年》，《河北学刊》2008年第5期。

政协委员选举只是在本系统内进行。由于农民没有自己的组织，使得农民进入政协尚不可能。因此，在社会转型过程中，为了增强农民同其他利益主体博弈的能力，增强农民的话语权，应该通过各种方式增加农民委员。这里的农民委员不应是脱离了农村生活的，但具有农村户口的人，而是生活在农村，具有农民实际生活感受的人。因为其生活在农村，对农民日常的利益要求，对农民的所思、所想具有较深刻的感悟，因此，在参政议政、民主监督过程中更能真实地表达农民的利益要求。当然，单个农民委员在政治协商机构中是不具有太大话语权的，为了更好地发挥政治协商机构作为农民利益表达渠道，表达农民利益要求的功能，除了应增强农民委员数量之外，还应在政治协商机构中成立相应的农民问题委员会，始终将解决农民的各种问题作为自己存在的目标，通过对一定人、财、物的有机配置，深入农村进行工作、调查，最终将农民的利益要求真实地表达出来。

（二）提高人民政协涉农提案质量

人民政协由于其代表的广泛性，通过政治协商和民主监督作用与功能的发挥，使其所联系的各个阶层或团体的意见要求能畅通地表达出来，这种利益表达也是实现决策科学化、民主化的重要保证。"人民政协实行政治协商、民主监督与参政议政职能的一项具体方式是提案。"① 政治协商机构通过自己的实际调查，提出自己的提案，并通过提案反映农民的利益要求，行使政治协商、民主监督的功能，而"提案经过办理能够产生效果，发挥作用，归根到底在于它自身的质量"②。政协委员涉农提案直接反映着农民的利益要求，表达着转型期农民的心声，其质量直接关系到农民利益要求能否得到有效表达，能否维护、实现和增进农民的利益，关系到政治协商机构作为农民利益表达渠道作用的发挥，关系到政协委员在农民心中的形象及农民对政治协商机构的认同。因此，提高政治协商机构的涉农提案质量至关重要。一个具有较高质量的涉农提案应具有以下三个方面的特性：一是要具有严肃性。这些提案要提交到有关决策部门，无论是提案的内容还是提案的程序都体现了政治协商机构在国家政治体系中的地

---

① 浦兴祖编：《中华人民共和国政治制度》，上海人民出版社 1999 年版，第 925 页。
② 殷国光编：《在政协委员岗位上：政协提案工作创新的实践与思考》，江西人民出版社 2006 年版，第 24 页。

位，都体现着提案人对农民利益要求的重视及对转型期中国政治发展的态度，因此，应以严肃的态度对待自己提案的内容与程序。二是科学性。即这些提案是经过实地调查而不是凭空想象出来的，是对农民利益表达的真实反映，是符合转型期中国农村、农业发展实际的，无论是调查方式还是调查内容及结果都应具有科学性。三是可行性。即政治协商机构的提案必须符合转型期中国的实际，符合转型期中国农村发展的需要，也要符合农民的需要，并具有可操作性。如果缺少了可行性，其提案本身就等于纸上谈兵，不能真正解决农民的利益要求，不能对转型期中国政治发展产生有益影响。

（三）增强人民政协的民主监督功能

民主监督是政治协商机构的重要职责与功能，"基本手段是批评和建议，其具体形式包括民主座谈会、列席人民代表大会，提出建议案和提案，视察和调查，对口协商会或专业座谈会等"①。人民政协通过利益表达功能的发挥将有关阶层或群体的利益要求表达出来，并监督执政党或政府处理这些利益要求。通过民主监督，政治协商机构可以得知自己反映的农民利益表达信息能否或在多大程度上被政策吸收，并在执行过程中是否偏离了原有的利益要求，如果发生位移，人民政协就会通过民主监督功能的发挥，找出问题所在，纠正执政党或政府处理农民利益要求的位移。在社会转型过程中，政治协商机构的民主监督功能会因制度或体制的问题未能充分、有效地发挥出来，缺少可操作性和具体的保障措施。因此，要加强制度建设，将人民政协的民主监督功能以制度化、法律化的方式固定下来，为农民充分有效地利用政治协商机构这一渠道进行利益表达提供一定的制度保障。

（四）充分利用现代化信息技术

随着现代化信息技术的发展，各类政治协商机构都开辟了自己专有的网站，如北京市政协在其网站中专门开辟了市政协提案线索征集、北京市政协优秀提案点评等工作模块及市政协民情联系方式；河南省政协开通一个包括政协新闻、建言献策等10个工作模块的政协网站与省政协民情热线电话。通过这些网站，农民可以随时了解委员提案的具体情况，了解自己利益表达要求传递的情况及传递的结果，同时也进一步发挥了政治协商

---

① 林昌建：《权力错位与监控》，中国方正出版社1996年版，第183页。

机构这一利益表达渠道的优势与特点，使农民更方便地利用政治协商机构表达渠道来表达自己的利益要求。人民政协利用互联网这种手段对于畅通、拓宽农民利益表达渠道，减少或防止农民非制度化利益表达具有重要作用。

五 提高大众传播媒介利益表达能力

人民代表大会利益表达渠道、中国共产党利益表达渠道、政治协商机构的利益表达渠道一般都是通过自上而下的方式了解农民利益要求，信访利益表达渠道则是一种自下而上的表达利益要求的渠道。"不论是自上而下调研考察、还是自下而上的上访上书，成本和风险都比较高，而且还由于时间空间的限制，这两种信息汲取往往不全面甚至不真实。"[1] 大众传播媒介利益表达渠道能有机地将自上而下与自下而上两种方式结合起来，对于反映农民利益要求，传递农民声音，扩大农民话语权，提高农民利益表达效能，减少或防止农民非制度化利益表达具有重要作用。

在从计划经济向市场经济转轨的过程中，面对农民的现实需要，党和政府为农民构建了多层次、多元化的大众传播媒介利益表达渠道，如《南方周末》《农民日报》《法制日报》《民情与信访》《乡镇论坛》以及《中国社会导刊》等，一些电视台还开办了涉农的节目，如《今日说法》《农民之友》《农民热线》等。但这些渠道在农村社会转型过程中并没有被农民很好利用，因种种原因，大众传播媒介利益表达渠道作为农民利益表达渠道还存在着一定问题，影响了农民利益表达的成效，不利于农民维护、实现和增进利益。

首先，农民缺乏利用大众传播媒介的习惯或需要。这主要有三个方面的原因：一是对于一些在农村转型过程中经济发展比较好的农村地区来说，政治较为民主，一般性的利益矛盾、利益要求都可以在基层得到有效解决，因此，对大众传播媒介利益表达渠道的需求较少。二是农民对于多层次性利益的认识不清。农民的利益是多元的，在不同的时空下，农民对利益的要求也是不同的。农民在长远利益与近期利益、群体利益与公共利益的相互关系上分辨不清，所以对将哪些利益要求诉诸大众传播媒介渠道

---

① 段京肃：《社会的阶层分化与媒介的控制权和使用权》，《厦门大学学报》（哲学社会科学版）2004 年第 1 期。

缺乏一定的理性认识。三是由于农民自身素质的限制。在农村社会转型过程中，一些农民学历较低，识字较少，缺少读报、看电视等习惯，也不知道如何通过大众传播媒介利益表达渠道来表达自己的利益要求。

其次，社会转型时期大众传播媒介利益表达渠道自身角色的缺位。大众传播媒介利益表达渠道从理论上来说是各个阶层表达自身利益的有力武器，是增强利益表达效能的有效工具。但在从计划经济向社会主义市场经济转轨的过程中，一些大众传播媒介利益表达渠道只将焦点对准社会个别利益主体或利益群体，忽视了农民的利益要求，即使报道一些农民的利益要求，也大多是被标签化的、污名化的。同时，在社会转型过程中，专门为农民构建的大众传播媒介相对较少，到现在为止，我们很少能在传播媒介上听到农民的声音，农民不能有效利用大众传播媒介表达自己的利益要求。

鉴于在社会转型过程中大众传播媒介利益表达渠道在表达农民利益方面存在的缺陷，为了使农民更好地利用大众传播媒介这一利益表达渠道传递利益要求，增强自己的利益表达效能，减少或防止非制度化利益表达，必须提高大众传播媒介表达农民利益要求的能力。一是要加强转型期大众传播媒介本身的建设。如增强大众传播媒介成员的责任感，提高其素质和能力，使其在处理和反映农民利益表达方面作出更多的贡献。二是构建一套制度体系，保障转型期大众传播媒介对农民利益表达结果的监督功能。大众传播媒介在反馈农民利益要求，行使监督权时必然受到一部分个体、群体或组织的干扰。因此，通过制度构建，确保转型期大众传播媒介在舆论报道内容、模式方面的独立性，使大众传播媒介能真正地将农民的利益要求反映出来。三是强化农民对大众传播媒介正向认识，使农民认识到大众传播媒介的基本职责及其在表达自己利益要求方面所具有的优势，自觉地运用大众传播媒介利益表达渠道来表达自己的利益要求。

第二节　拓展农民利益表达渠道

社会转型促使社会结构发生变迁，农民利益意识开始觉醒，必然会要求"意见表达和信息传输的渠道要更加多样化"[①]，仅仅依靠完善原有农

[①]　朱光磊：《当代中国政府过程》，天津人民出版社1997年版，第492页。

民利益表达渠道还不能跟上农民利益表达发展需要。随着农村社会转型的加快，农村改革、发展越来越复杂化，农民的利益要求越来越多元化，在这样的背景下，"为扩大农民能充分享受到利益表达的权利，充分表达自己的利益要求，就需要建构各种平台，为农民提供多种多样的利益表达渠道"①。因此，如何根据转型期中国农村的现实，拓展农民利益表达渠道，使农民能方便地、有选择地利用合适的利益表达渠道表达自己的利益要求，有效地避免非制度化利益表达，维护转型期中国农村社会的和谐与稳定，成为一个迫切需要解决的课题。

一　拓展农民利益表达渠道应考虑的因素

拓展农民利益表达渠道的目的是提供更多渠道，让农民方便表达自己利益要求，减少或防止非制度化利益表达，维护、实现与增进自己的利益。但是，拓展农民利益表达渠道必须"深深扎在物质的经济的事实中"②，即拓展任何一种农民利益表达渠道必然受制于转型期中国农村的现实，必须考虑利益表达渠道长度、承载容量、多样性、成本、农民现实需求等诸多因素。

（一）利益表达渠道的长度

利益表达渠道的长度是指农民利益表达信息传递过程中所经过的层级，层级越多，利益表达渠道越长，层级越少，则利益表达渠道就越短。按照传播学的基本理论，在信息传播的过程中，传播渠道越长，信息容量中的熵和冗余就越多。"熵"是指信息传播过程中出现的不确定性因素；"冗余"是指不成为信息的那部分消息。③ 在科层制的层级传播中，一方面，科层制的主体是人，由于个人偏好不同，基层政府及其行政人员必然会对农民利益表达信息进行自由裁量。另一方面，在层级传递利益表达信息过程中，转型期的利益表达外部环境也影响着农民利益要求的传递，把一些外部信息，比如其他个体、群体或组织的利益要求，也通过层级渠道向基层政府及其行政人员传递，就会出现噪声。传播渠道越长，噪声越多，离原始的有实质性的问题越远，不确定的因素也越多；渠道越长，信

---

① 曲宗琴编：《和谐广西建设的理论与实践》，广西人民出版社 2008 年版，第 32 页。
② 《马克思恩格斯选集》第 3 卷，人民出版社 1995 年版，第 719 页。
③ ［美］沃纳·赛佛林、小詹姆期·坦卡德：《传播理论：起源、方法与应用》，郭镇之等译，华夏出版社 2000 年版，第 50 页。

息通过的层级就会越多，它到达最终接收者的时间也越长。这样，信息经过各个渠道，层层进行筛选、过滤，最终导致利益表达信息的失真。有日本学者指出，每经过一个层次，信息失真率为 10% —15%；上级向直接下属所传递的信息平均只有 20% —25% 被正确理解；下属向直接上级反映的信息被正确理解的比例不超过 10%。美国加利福尼亚州立大学的研究表明：只有 20% —25% 来自领导层的信息被下级知道并正确理解，从下到上反馈的信息的沟通率不超过 10%。① 这也间接地说明了渠道长度与信息传递的关系。

农民利益表达信息能否畅通、完整、准确地传递到有关决策部门中，取决于农民利益表达渠道的长度如何。一般来说，较短的利益表达渠道可以减少传播中的"熵"和"冗余"出现的数量，有利于农民利益要求的传递，使基层政府及其行政人员能较准确地吸收农民利益要求。当然，这并不意味着为了使农民利益要求顺利传递，必须构建一个较短的利益表达渠道。因为利益表达渠道还有一个容纳和承载量的问题，为了容纳和承载一定的信息量和信息流，对于农民利益表达渠道来说，必要的长度还是需要的。当然在长和短之间如何做出合适的安排，需要根据转型期中国农村政治、经济、社会发展情况，根据党和政府统合社会的能力、控制农村效果的变化而变化。

（二）利益表达渠道的承载容量

利益表达渠道是农民利益表达信息得以传递的载体，这一载体的信息传播和反馈都有一定的度，即承载容量问题。利益要求输入过多，信息超载，会造成利益表达渠道拥挤和堵塞，阻碍有用信息的传播，同时因渠道拥挤和堵塞使农民利益表达信息的传播速度会相应降低，并因此而产生大量非制度化利益表达。如果农民利益表达信息量远远大于利益表达渠道的承载容量，农民利益要求就不能得到快速、有效传递。如果转型期的利益表达渠道承载容量远大于其传递过程中的农民表达信息，即应然的承载容量没有得到充分利用，非农民利益表达信息就会涌入，从而在一定程度上影响正式信息的传播效率。例如，报纸因版面有限而对农民的一些利益表达要求不作考虑，即报纸因版面的限制使利益表达渠道的承载容量较低，使农民的利益要求不能得到有效表达，体现出利益表达渠道的承载容量与

---

① 贾品荣：《应畅通公共利益表达机制》，《中国经济时报》2007 年 8 月 10 日第 5 版。

农民利益表达信息量的关系问题。因此，拓展利益表达渠道以减少或防止转型期中国农民非制度化利益表达必须注意利益表达渠道的承载容量问题。利益表达渠道的承载容量要始终有一个合理的度，其范围就是不能因利益表达渠道承载容量太大而导致利益表达渠道资源的闲置，也不能因利益表达渠道承载容量较小而影响农民利益表达要求的传递。

（三）利益表达渠道的多样性

拓展农民利益表达渠道除了要注意利益表达渠道的长度、利益表达渠道的承载容量外，利益表达渠道的多样性也是影响农民利益要求是否能够充分、有效表达的一个重要因素。在社会转型过程中，农民在进行利益表达时，在特定制度规范下有很多利益表达渠道可供利用，而农民在利用这些利益表达渠道时是具有自主性的，即农民在选择利益表达渠道方面表现出自我能动性。这一条渠道不通畅，他可以选择另一条渠道来表达自己的利益要求，也会得到满意的利益表达结果。例如，虽然农民可以通过选举选出人民代表代表自己的利益进行利益诉求，但由于选举不是经常性的，这样农民在利用选举这种利益表达渠道时就会受到一定的限制。但是农民完全可以不去利用这条渠道，而转换成以信访的方式表达自己的利益要求，因此，农民自我选择的多样性就需要多元的利益表达渠道。另一方面，农民是具有主观意识的个体，具有自我判断标准，也具有一定的价值偏好，在主观意识及价值偏好的驱使下，每个农民对相同利益表达渠道的看法与感知是相异的，对利益表达渠道是否能传递自己的利益要求，能否提高自己利益表达效能的判断认知也是相异的。因此，多元利益表达渠道不仅是适应农民多元利益发展的需要，也是适应农民主观认知差异的需要。

（四）利益表达渠道的成本

成本是经济学中最重要的概念，成本与收益分析是经济学常用的分析工具，这是因为任何一个经济活动或经济行为都有一定的成本与收益问题，只有降低成本或增加利润，才是经济活动、经济行为主体所接受的方案；我们在此将成本理论引入到农民利益表达渠道的拓展中。农民利益表达渠道供给的主体，无论是执政党体系、政府体系还是政治协商体系在拓展农民利益表达渠道时都面临一个成本问题。拓展利益表达渠道成本主要包括以下三个方面：一是显性成本。在经济学中，显性成本是厂商在生产要素市场上购买或租用所需要的生产要素的实际支出，其基本特点是能在会计账册上得以反映。根据显性成本内涵，拓展农民利益表达渠道也一定会存在显性成本，如渠道运行中的人员工资、办公设备、办公场所等所需要的经费等都是在会计账册上反映出来的，因此都属于显性成本。二是隐性成本。在经济学中，隐性成本是指厂商本身所拥有且被用于该企业生产过程的那些生产要素的总价格，其基本特点是在会计账册上未能得到体现。根据隐性成本的特点，拓展农民利益表达渠道也需要付出隐性成本，比如渠道自身存在成本、终结成本等。三是机会成本。机会成本是经济学中最重要的概念之一，是指使用一种资源或将其投入某一特定用途而放弃的在其他用途中所获得的最大利益。机会成本是从整个社会的角度，考察利用社会资源来从事产品或劳务生产所付出的代价，其存在原因是资源的稀缺性，将一种资源投入到某一生产过程中，必然失去了投入另一生产过程中所获得的收益。如果一种生产要素既能用来生产汽车又能用来生产自行车，那么，一旦它被用来生产汽车，也就损失了生产自行车可能获得的潜在收益。在拓展农民利益表达渠道中，也存在着机会成本，如果把所有的资源投入到农民专有网站建设中，就可能失去了把这些资源投入到听证会中所获得的收益。因此，由于拓展农民利益表达渠道存在显性成本、隐性成本与机会成本，在社会转型的实践中必须具备成本意识，正确处理拓展农民利益表达渠道的成本与收益问题。

（五）农民现实需求

转型期的中国农民从总体上来说文化素质较低，但是，如果从更细的角度来看，农民的素质也有不同，因不同区域、不同经济发展程度而有所差异，素质的不同决定了农民在表达自身利益要求时，会采用不同的方式和渠道。比如对于大众传播媒介，经济比较发达地区的农民也许能够运用自如，但经济比较落后地区的农民因接触大众传播媒介较少，所以可能毫无价值。不切合实际的利益表达渠道的供给必然会将一部分农民排除在政治体系之外，使部分农民不能根据实际情况来表达自己的利益诉求。因此，应根据转型期中国农村经济发展状况，根据农民的现实需要拓展适合农民的利益表达渠道。

二　拓展农民利益表达渠道的路径选择

拓展农民利益表达渠道对于农民充分有效地表达自己的利益要求，维护和实现自己的利益，减少或防止非制度化利益表达有着重要的工具性价值。总体来说，拓展农民利益表达渠道有两个路径可供选择，一是在原有利益表达渠道上拓展，二是构建全新的农民利益表达渠道。

（一）在原有利益表达渠道上拓展

在前面，笔者阐述了完善原有利益表达渠道以满足农民利益表达日益发展的需要，维护和增进农民的利益，减少或防止农民非制度化利益表达。但是这只是对原有的信访利益表达渠道、人民代表大会利益表达渠道、中国共产党利益表达渠道、人民政协利益表达渠道以及大众传播媒介利益表达渠道本身的完善，并没有产生新的利益表达渠道。因此，我们可以通过一定的路径以一定方法来拓展原有渠道，使农民获取更多的利益表达渠道。

1. 增加原有农民利益表达渠道的宽度

农民利益表达渠道的宽度就是在一定时间或空间内，政治系统所拥有的能为农民利益表达所用的横向渠道数目，也就是从横向结构上考察农民利益表达渠道的多少问题。信访利益表达渠道、人民代表大会利益表达渠道、中国共产党利益表达渠道、人民政协利益表达渠道、大众传播媒介利益表达渠道等就构成了横向的农民利益表达渠道，构成了农民利益表达渠道的宽度。通过增加农民利益表达渠道的宽度，可以提升农民利益表达渠道的数量，从而产出更多的利益表达渠道为农民所用，减少因渠道问题而产生的非制度化利益表达。在转型期中国，除了信访利益表达渠道、人民代表大会利益表达渠道、中国共产党利益表达渠道、人民政协利益表达渠道、大众传播媒介利益表达渠道之外，还可以通过其他方式使农民获取更多利益表达渠道。比如听证会一般在城市里常见，在表达利益要求方面具有一定的优势，同样也可以被农民所利用，因此，听证会可以向农村地区拓展。在农村，涉及重大事项或与农民利益紧密相关的政策出台，也完全可以采取听证会的方式，以听取农民的利益要求。这就是利益表达渠道宽度的拓展。因此，充分利用转型期中国民主政治发展的有益成果，结合转型期中国农村的实际及农民的现实需要，不断地增加农民利益表达渠道的横向结构的数目，使农民能充分通过各种类型的横向结构的利益表达渠道表达自己的利益要求，减少或防止非制度化利益表达。

2. 增加原有农民利益表达渠道的深度

农民利益表达渠道的深度是指单一利益表达渠道结构下利益表达渠道的数量，也就是从纵向考察具有统一属性的单一利益表达渠道结构下的利益表达渠道数量的多少问题，如中国共产党利益表达渠道、人民代表大会利益表达渠道、信访利益表达渠道、人民政协利益表达渠道、大众传播媒介利益表达渠道等每个渠道结构中利益表达渠道的层级数量问题。比如中国共产党利益表达渠道就有党中央这一利益表达渠道，还有各个省委、市委、县委直至基层党组织，这一系列利益表达渠道就构成了单一的、具有相同属性的中国共产党利益表达渠道。

增加原有农民利益表达渠道的深度就是要不断地拓展中国共产党利益表达渠道、人民代表大会利益表达渠道、信访利益表达渠道、人民政协利益表达渠道、大众传播媒介利益表达渠道等层次，使原有利益表达渠道在纵向上都具有相同的机构设置。比如，如果市级电视台创建了一个涉农节目，而且这个涉农节目在表达农民利益要求方面具有重要作用，那么就可以采取双向延伸的方式拓展这种利益表达渠道，如向上，即向省级电视台或中央级电视台进行延伸，省级或中央级电视台也开办具有相同属性的节目；也可以向下进行延伸，比如在县级电视台也开办类似节目，以增加农民利益表达的渠道。通过这种拓展，使农民利益表达渠道更加丰裕，满足农民更广泛的利益表达要求，有效地减少或防止非制度化利益表达。

无论是增加原有农民利益表达渠道的宽度还是拓展原有利益表达渠道的深度，其本质与完善原有利益表达渠道有着重大差异。完善原有农民利益表达渠道是针对这些渠道本身在运行过程中出现的问题而加以解决，而增加原有农民利益表达渠道的宽度、深度是对原有利益表达渠道空间的拓展，不涉及渠道本身的机制、制度等问题，因此，可以称作为农民利益表达渠道的创新。

（二）建构全新的农民利益表达渠道

除了对原有农民利益表达渠道宽度、深度的增加以使农民利益表达渠道得到拓展外，还可以通过其他方式建构一些农民利益表达渠道，以拓展农民利益表达空间，有效传递农民利益表达要求，减少或防止非制度化利益表达。

1. 内生性农民利益表达渠道

所谓内生性农民利益表达渠道即农民利益表达渠道是在中国本土内诞生、发育与成熟的，具有中国特色的农民利益表达渠道。由于内生性农民利益表达渠道符合转型期中国农村的实际，符合农民的利益要求，更符合时代发展的需要，因此，具有较强的生命力，在充当农民利益表达渠道方面也具有较高价值。

一般来说，内生性利益表达渠道产生路径主要有两条：一是自下而上产生。即由农民根据农村发展的实际，依据农民的利益要求自主创造的利益表达渠道，这种创造可能在体制之外进行，也可能在体制之内进行。比如，1980 年初，广西罗城县冲湾村、宜山县果地下村在社会治安极度混乱情况下，部分有远见的村民积极向公社领导建议，应该把社员群众组织起来，自己管理自己，自己教育自己，自己保卫自己，建议得到了上级领导的充分肯定和支持。1980 年冬天，一些地方有组织地召开全体社员大会，以无记名投票的方式，直接选举产生了我国首批村民委员会。村委会产生后，发动群众制定"村规民约"，组织村民恢复生产，兴办水利、交通等公共事务，迅速改变了当地的社会混乱状况。但是，这种自下而上的内生性农民利益表达渠道，其最终合法性取决于党和政府对其的价值判断。如果党和政府认为其对表达农民的利益要求，减少或防止非制度化利益表达，维护农村社会和谐与稳定具有十分重要意义，则可以将其纳入体制内的农民利益表达渠道。二是自上而下产生。即这种利益表达渠道不是在农村内生的，而是比农村更高层次、发展更为先进地区或部门中产生，最终推广到农村，也成为农民利益表达的重要渠道。

无论是自下而上还是自上而下，内生性农民利益表达渠道在诞生之初都具有地域性，如恳谈会只在一些经济发展较快的东部地区出现。因此，内生性农民利益表达渠道都有一个推广的过程。在推广过程中应注意两个基本问题，一是何时推广问题。即一些内生性农民利益表达渠道在区域实践的基础上，确实取得了很大成就，对减少或防止农民非制度化利益表达具有重要工具性价值，值得在全国农村推广时，要考虑这种利益表达渠道是立即向全国农村进行推广还是继续实践一段后再考虑。例如，村民委员会在实践三年后，1983 年 10 月，中共中央、国务院联合发出了《关于实行政社分开建立乡政府的通知》，要求各级党政组织依据宪法的规定，建立乡政府，实行政社分开。同时要求，乡以下实行村民自治，设立基层群众性自治组织的村民委员会。二是何地推广问题。由于中国农村地域较广，情况复杂，对于一些地区内生性的农民利益表达渠道可能不适应其他地区农民的实际。如在经济发展较快地区内生出的恳谈会是否能在其他地区农村，如西部农村推广，还需要认真考虑。

2. 植入性农民利益表达渠道

所谓植入性农民利益表达渠道，是指将有关渠道供给主体在对国外其他国家或地区在减少或防止农民非制度化利益表达中所取得较好成就的利益表达渠道移植到中国，成为转型期中国农民表达的重要渠道，这也是建构全新农民利益表达渠道的一条路径。

根据植入程度不同，可以分为全部植入和有条件植入两种。全部植入就是通过对国外那些能有效地减少或防止非制度化利益表达渠道的调查、研究，将其整体移植到转型期中国来。其理论基础是减少或防止农民非制度化利益表达的一些渠道作为农民利益表达工具而存在，具有一般的、普遍的性质，它并不反映阶级性，也不因社会制度不同而存在差异，反映了农民利益表达渠道建构过程中的一般规律，凡是具有相同或相似环境的国家都可以采用。转型期中国听证制度就是从国外植入的。听证一词，最早产生于普通法系，本义为诉讼上应听取他方当事人意见的制度，也就是说，法院在审查事实或法律问题时，要以公开举行的方式听取证人和当事人的意见，以保证审判的公平，从而实现正义。英国较早在司法程序中创造了听证制度，之后这种制度从英国传到美国，美国又把它移植到立法之中，形成了立法听证制度。二战后，立法听证制度传到了日本等受美国影响较大的国家。1993 年，深圳率先实行价格审议制度，这是我国听证制度的雏形。1996 年，《中华人民共和国行政处罚法》的通过，标志着听证制度在我国的确立。之后，听证会及由此而形成的听证制度在我国立法、司法、行政中得到了较大的普及与发展，也将会成为农民一条重要利益表达渠道。有条件植入就是根据国外那些能有效减少或防止农民非制度化利益表达的渠道特点，结合转型期中国农村实际有选择的植入。对于国外那些体现出阶级性或不符合中国宪法、法律、程序等规定的农民利益表达渠道，由于其确实在减少或防止农民非制度化利益表达过程中可能具有重要作用，可以根据转型期中国实际及农村状况进行改造，使之成为转型期中国农民的利益表达渠道。

三 拓展农民利益表达渠道的具体形式

探讨农民利益表达渠道拓展的形式只能根据转型期中国农村政治发展的现实，由经验进行判定。综观起来，以下几种利益表达渠道可以拓展到转型期的中国农村，以拓宽农民利益表达空间。

（一）民主恳谈会

民主恳谈会是转型时期我国内生性的农民利益表达渠道，一般都认为，民主恳谈会是由浙江省台州市温岭人创造的一种基层民主政治模式①。1999年6月，民主恳谈会这种农民利益表达渠道在温岭地区出现，吸引了全国的眼光。从某种意义上说，作为一种协商式民主在地方运行的民主恳谈会的产生是温岭市松门镇党委和镇政府为了推动农村经济发展，缓解在社会转型过程中紧张的干群关系，增加农民对转型期中国农村基层政权的信任与认同的产物。与基层政府初始设想不同的是，当民主恳谈会从文本走向实践时，便受到了当地农民群众的欢迎。"100多名群众自发前来参加会议，并就镇里的投资环境、村镇建设规划等重要问题以及涉及到群众生活的诸如液化气价格等具体问题，与镇领导进行了面对面的平等的交流和对话。"②1999年底，温岭市委、市政府及时总结松门镇民主恳谈会的做法，并将其推广到温岭市的其他地区。之后，民主恳谈会被转型期中国其他农村地区所采取，并逐渐扩展到企业、事业单位中，开创了中国商议式民主与中国地方经验的结合③，体现了农民利益表达权利意识的增加，彰显了我国民主形式的变迁，并因此成为农民重要的利益表达渠道。

1. 民主恳谈会体现出农民的平等表达权

随着农村从传统社会向现代社会的转变，原来平均分配的物质财富获取方式被打破，农民之间产生了利益的差异。不同农民之间享受的实际权利存在差别，形成了政治挫折感以及政治权利享有的不公正，使部分农民在从事政治活动时受到更多条件的制约。因市场经济所造就的平等意识使那些经济上处于不平等地位的农民也提升了享受自己应有政治权利的意识。民主恳谈会恰好适应了转型期中国农民这种需求，体现出参与农民平等的政治地位，农民可以公开、自由地讨论甚至批评基层政府或村民委员会的政策或行为。农民平等地就某一问题行使表达权，而平等行使表达权又进一步提高了农民表达积极性，使农民的二次表达意识增强，从而扩大了民主恳谈会的范围和层次，这也解释了为什么民主恳谈会一经推出便受

---

① 房宁、负杰编：《浙江经验与中国发展·政府管理卷——科学发展观与和谐社会建设在浙江》，社会科学文献出版社2007年版，第168页。

② 周春明：《温岭"民主恳谈会"的启示》，《前线》2003年第12期。

③ 郎友兴：《商议式民主与中国的地方经验：浙江省温岭市的"民主恳谈会"》，《浙江社会科学》2005年第1期。

到农民热烈欢迎与支持并积极参与的原因。

2. 民主恳谈会有助于基层政府或村民委员会的角色定位

协商的本质是平等，体现出了民主的精髓。在民主恳谈会中，"基于共同利益，经由公共论坛进行平等、自由的对话、争辩、讨论和协商"①，以求达到农民的广泛接受和共识。通过这种"多元的主体进行的动态性的活动"②，农民可以了解到基层政府或村民委员会的政策或行为，也可以在会上直接就基层政府或村民委员会的行为等提出一定的意见、批评或建议。在平等的商谈环境下，基层政府或村民委员会可以倾听农民对某一问题的意见、建议，充分考虑农民的利益要求，使农民各种观点不受限制地交流，参与到协商互动的过程中，并能根据他人或自己的思维对某一目标进行重新思考或判断，而不是把自己的观点和看法强加于某人，有利于基层政府或村民委员会正确定位自己的角色。

3. 民主恳谈会有助于表达效能的增强

"作为民主社会，既要承认合理多元主义的事实，又要对冲突的利益和价值进行平衡，这种平衡得以通过协商民主模式而实现。因为，在这种模式中，受决策影响的人能够平等参与决策过程，在参与过程中他们能够自由地不受强制地表明自己的立场、主张和观点，并能够回应或反驳其他的理由和观点，在此基础上通过充分论证而达成一致，这种一致实际上包含了对不同利益的认真考虑，并在相互之间实现了融合。"③ 通过在民主恳谈会中多层次、多形式地参与主体的对话，实现了农民与基层政府或村民委员会的直接沟通，使农民能充分表达自己的意见、建议，并真实地提出自己的利益要求，加快了利益表达信息传递的速度，避免了利益表达信息的失真。对于基层政府或村民委员会来说，可以及时地向农民群众通报情况，迅速了解到农民利益要求。农民和基层政府或村民委员会之间可以就转型期中国农村政治、经济、文化与社会发展中的一些重大问题相互交换意见，增进了解，化解不同利益之间的矛盾和冲突，使农民意愿得以充分体现，并直接影响基层政府或村民委员会的政策过程或行为，增强了农民利益表达效能。

---

① 蔡素星：《发展协商民主　构建和谐社会》，《大庆师范学院学报》2006 年第 1 期。

② ［美］詹姆斯·博曼：《公共协商：多元主义、复杂性与民主》，黄相怀译，中央编译出版社 2006 年版，第 199 页。

③ 杨立新：《刑事诉讼平衡论》，中国人民公安大学出版社 2006 年版，第 106 页。

但是，"协商形式的民主，其成功有赖于可以培育理性的公开运用的社会条件和制度安排的创造"①。基于协商民主形式上的民主恳谈会是适应东部地区农村经济发展现实的，体现了东部地区农民利益表达意识提升的状况。虽然其作为转型期中国农民利益表达的一种新渠道表现出了自己的优势，但这种渠道如向全国推广必然会受到一定经济、文化与政治的制约，因此，只有在具备了这种利益表达渠道生存环境的农村才能适用。

（二）农民听证会

听证会制度自从被我国引入后便受到了党和国家领导人的重视，党的十七大提出，"制定与群众利益密切相关的法律法规和公共政策原则上要公开听取意见"②。但是，从总体上看，在社会转型过程中，我国的听证会涉及的范围还较窄，大都是关于价格听证之类，很少涉及其他具体的利益表达行为，特别是与转型期"三农"有关的听证会非常少。对于农民来说，参与听证会表达自己利益要求的机会较少，因此，将听证会利益表达渠道引入转型期中国农村，使之成为农民利益表达的重要渠道，对于减少或防止非制度化利益表达有重要价值。

听证过程就是利益的协调过程，在听证中，不同的利益主体可以就某一共同问题表达自己的观点、意见与看法，并在听证过程中努力将自己的利益要求输入到政策决策过程。一般来说，转型期涉农问题听证会主要包括准备过程、召开过程以及意见整理过程，无论处于何种过程都充斥着农民的利益表达。

1. 准备过程中的农民利益表达

在涉农问题的听证会中，作为举办听证会的基层政府或村民委员会，首先要考虑的是是否进行听证。基层政府或村民委员会应深入基层进行调查，了解转型期中国农民利益要求，探析听证会是否需要举行，或举行之后有什么样的结果。在考察了听证会是否举行之后，还要考虑听证的时间，尽量考虑到农民或其代表参与听证会的时间成本，如果成本太大，或占有时间太多，农民在决定是否参与时肯定会有所犹豫，即使参与也会是一种形式上的参与。同时，要注意农民参加听证会的空间成本，即听证会

---

① ［美］詹姆斯·博曼：《公共协商：多元主义、复杂性与民主》，黄相怀译，中央编译出版社 2006 年版，第 199 页。

② 胡锦涛：《高举中国特色社会主义伟大旗帜　为夺取全面建设小康社会新胜利而奋斗》，人民出版社 2007 年版，第 29—30 页。

地点的选择，如果选择的地点距离农民居住地较远，农民就会付出更多的交通费，这将减弱其参与听证会的积极性。在确定了听证的时间、地点之后，就需要确定听证会的参加人员。这些人员必须具有一定的代表性，还需要具备一定的素质，这样才能更好地代表农民，表达农民的利益要求。所以，无论是决定听证会是否应举行，还是对时间、地点及参与人员的选择，都体现着农民的利益要求。

2. 召开过程中的农民利益表达

当决定了是否进行听证以及听证的内容，选择了听证的时间、地点及参与人员后，就进入了听证过程中的第二个过程，即召开过程。召开过程是各个利益主体或利益主体代表进行博弈的过程。各种观点、各种利益要求都会在召开过程中提出，以试图使自己的利益要求得到决策者的关注。因此，召开过程是农民利益表达的最主要过程，在这个过程中农民利益要求能否得到表达或在多大程度上得到表达，一方面取决于参与听证的农民利益代表的利益博弈能力，另外还要取决于参与听证会的其他利益主体或其他阶层的利益代表的利益博弈能力，以及政策决策者在召开之前的预设目的。

召开过程一般分为两个小的过程，一是诘问过程。基层政府或村民委员会在准备听证会之前已大致预设了某些既定的目标。所以在诘问过程中，农民利益代表就可以充分发挥自由发言权利，向政策决策者询问政策为什么要这样出台，出台之后会有什么样的结果，以及对于这项政策是否具有操作性等问题提出自己的意见、建议，努力将农民的利益要求反映出来，使基层政府或村民委员会了解或认识到转型期中国农民的真正需要，也使其他参与听证的利益主体知道、了解自己的利益得失。二是辩论过程。即参与听证的各利益主体之间，以及各利益主体与基层政府或村民委员会之间的互相辩论。这一过程是利益博弈充分彰显的过程。各利益主体或政策决策者都从自己利益出发，代表自己或阶层的利益要求，提出不同观点，并通过不同观点的提出最终试图达到某些方面的调和。因此，这一阶段农民利益代表的表达能力如何，利益博弈能力如何将直接决定农民利益要求被认可的程度，也决定着下一过程中农民利益要求得到满足的程度。

3. 意见整理过程中的农民利益表达

在诘问与辩论过程结束后，听证会的现场听证任务完成，就进入了听证会后的意见整理过程。这一过程是决策者通过对听证会上各种利益要求的全盘考量，并结合实际情况进行决策的过程。由于在听证会中，通过赋予每个人发言的机会，"各种利益要求表达出来，各种意见呈现出来，但最终选择的决定不一定与各种意见完全相等。那些发表的意见最终没有被选择的参与者，会感到遗憾，但他们的意见得到了人们的倾听；而且在讨论中，他们的意见得到了被驳回的理由。他们会因此感到决策过程的公平性，最终倾向于支持集体决定的结果"①。所以，通过的决策一般都会为参与听证的利益主体所认同。但是，由于决策者具有较大的自由裁量权，所以对于某一利益主体在听证会上表达的利益要求能否或在多大程度上在政策中反映出来，即不同利益主体的利益表达效能因决策主体的自由裁量权的存在而出现差异，利益表达效能最终的结果可能与利益主体的预期有出入。因此，在意见整理过程中，农民代表的利益表达仍然很重要，应继续关注意见整理过程，监督意见整理过程是否透明、公正。

（三）社情民意调查

进入 2000 年之后，社情民意调查越来越多地被运用到政府决策中，对政府决策产生不同程度的影响②，各层级政府也开始组建社情民意调查中心。"到目前为止，全国已有三分之二的省（区、市）及副省级城市统计局成立了社情民意调查中心，累计完成调查项目近 1000 项。为地方党政领导提供了大量翔实的社情民意信息，架起了地方党和政府与民众沟通，倾听民众心声，了解社情民意的桥梁。"③ 在转型期，社情民意调查运行的范围主要是在城市，对转型期中国农村的社情民意调查还很少，以转型期中国农村作为社情民意调查中心的研究机构或中心更少。以转型期中国农民为调查对象的社情民意调查是农民进行利益表达的重要渠道，通过这种渠道，可以广泛地收集、了解和掌握转型期中国农民各方面的利益要求，了解和掌握农民各种利益要求之间的内在联系，掌握农民利益表达的原生态信息。

---

① 袁峰：《网络社会的政府与政治：网络技术在现代社会中的政治效应分析》，北京大学出版社 2006 年版，第 138 页。

② 黄嵘：《发展民意调查以改进政府决策品质》，载陈熙春编《领导学视野中的领导能力研究》，上海人民出版社 2007 年版，第 202 页。

③ 陶斯亮：《关于成立国家民意调查机构的提案》，载《国是建言》编辑部编《国是建言》第 13 辑，中国文史出版社 2007 年版，第 441 页。

1. 创新社情民意调查方法

社情民意调查方法，是指在对农民利益要求进行调研活动中所采用的用来收集信息和资料的工作方式和具体操作办法。社情民意调查方法是多样的，可以采用面谈、电话访谈或直接邮寄等方法。当前政府对农民的社情民意调查一般采用两种方法，一是问卷调查法。即将一些问卷发放到村民委员会或村党支部中，再由他们发放到农民手中，农民完成后交给村民委员会或村党支部。在有联防队员或治安维持队员存在的村庄，联防队员或治安维持队员承担着发放与收集问卷调查的任务。二是电话访谈法。即由政府的民意调查中心通过随机电话访问的方式调查被访问者的利益要求。一般来说，这两种方法都存在一定局限性。前者因调查者无法深入农村，对转型期中国农民真实利益要求不一定了解，同时农民也可能是在村委会或党支部的压力下被动地完成调查问卷，其利益要求的真实性是否得到表达尚不能通过调查表来体现。后者虽然实现了调查者与被调查者直接的联系与接触，但对于转型期中国农村而言，电话的普及率影响着这种调查的广泛性，从而使最终输入到决策中的利益表达信息出现片面性。因此，为了避免农民利益表达信息的失真，减少或防止农民非制度化利益表达，必须根据转型期中国农村政治、经济、文化的发展不断改变社情民意调查方法，使农民能真实地表达自己的利益要求。

2. 创新社情民意调查内容

转型期中国农民利益是多元的。一是表现为单一农民利益的多元性。单个农民既有政治利益，也有经济利益，更有一定的社会及文化利益；既有家庭个人利益，也有集体利益与国家利益。二是表现为不同农民利益的多元性。因每个农民处于不同的社会环境，受着不同的教育，对利益的理解与认识存在着很大差异，对某一利益可能会产生不同的看法。这种利益空间的多元性还表现在不同区域的农民对利益的追求存在着差异，发达地区与西部落后地区的农民对利益的要求、认识与看法是相异的。农民利益的多元性必然产生多元的利益要求，形成多元化的利益表达信息。对农村的社情民意调查内容则是有限的，不可能在一张调查问卷表或电话中穷尽农民所有的利益要求。因此，社情民意调查内容就需要正确处理这种有限性与无限性之间的关系，在内容上要正确设计、判断农民现实的、急切的利益要求，并将这些利益要求通过一定方式反映出来，从而减少或防止农民非制度化利益表达。

3．正确认识社情民意调查结果

尽管在农村的社情民意调查能直接地将农民利益要求表达出来，但社情民意调查的结果不一定是完美无缺的。这些局限性主要是由以下原因导致的：一是调查方式。如果调查方式不适合农民，就不能真实地了解农民的利益要求，获得的结果必然存在一定的缺陷。二是调查内容的设计。如果在内容的设计上不能反映出农民真正的利益要求，就会使调查结果与农民真实的利益要求存在误差。三是调查目的。对农村的社情民意调查目的是多样的，不同的目的都会使调查方式与调查内容出现差异，从而影响调查结果。四是调查的数据真实性与复杂性。因此，在对农民进行社情民意调查后，调查主体应当综合地研究、判断调查结果，不能单凭调查结果做出政策输出。

（四）农民专有网站

中国互联网络信息中心（CNNIC）发布的《第24次中国互联网络发展状况统计报告》显示，截止到2009年6月底，中国网民规模达到3.38亿人，农村网民规模达到9565万人，占28.3%，较2008年底增长1105万人，增幅为13.1%。2009年上半年我国农村女性网民占比有所上升，占比提升了1.6个百分点，更多的农村地区女性接触到了网络。CNNIC调查显示，上半年内有4529万网民访问过农业、农村类网站，占比13.4%。在农村网民中，有14.8%的农村网民半年内访问过涉农网站，占所有访问涉农网站网民的31.3%；农林牧渔劳动者访问农村、农业类网站的比例为42.7%。在访问过涉农网站的网民中，CNNIC调查了查找农资信息、查找种植养殖信息、查找农产品供求信息的情况，结果显示，三种信息的使用比例分别为41.6%、40.4%和39.6%。[①]

网络的发展及上网人数的增加，为成立专有的农民网站提供了一定的技术支撑与需求。成立专有农民网站对于畅通、拓宽农民利益表达渠道，减少或防止农民非制度化利益表达具有重要作用。一是快捷方便，没有中间环节，能直接表达农民利益要求。在农民网站中特别是通过交互式的电子邮件、BBS论坛，农民可以加入到政府各类涉农政策的讨论中，将自己的利益要求畅通地表达出来。另外，各级政府通过农民网站也可以直接了

---

① 《我国农村网民达9565万人　14.8%访问过涉农网站》（http：//www．farmer．gov．cn/zx/zxd．jsp？newNo＝17707&chanelNo＝4）。

解到农民的利益要求，减少了农民利益表达信息在传递过程中的失真现象，有利于农民提高自己的利益表达效能。二是隐蔽了参与者个人的身份和隐私，使参与者敢于讲真话，在一定程度上保证了转型期中国农民利益要求的真实性。网络最大特点就是虚拟性、不固定性，因此在网络上表达自己利益要求不受现时各种环境如人际关系等制约，有利于农民直接将自己的真实意愿表达出来，从而保证了各级政府决策部门采集农民利益表达信息的真实性与可靠性。三是运作成本低。对于农民来说，如果要表达自己的利益要求，只需要在连接网络的情况下，通过上网点击即可完成自己利益要求的表达，节省了大量的时间与空间成本。

　　但是，成立农民专有网站，通过网络表达自己的利益要求还受电脑、网络等条件的限制及转型期中国农民自身素质的影响。因此，为了充分发挥农民专有网站在表达农民利益、减少或防止农民非制度化利益表达中的作用，必须大力发展农村生产力，提高农民收入，加强基础设施特别是网络通信基础设施的建设，以充分发挥农民专有网站在表达农民利益中的作用。鉴于此，2010 年中央"一号"文件将"推进农村信息化，积极支持农村电信和互联网基础设施建设，健全农村综合信息服务体系"① 作为统筹城乡发展、夯实农业农村发展基础的重要工作之一。

---

　　① 《中共中央国务院关于加大统筹城乡发展力度　进一步夯实农业农村发展基础的若干意见》，人民出版社 2010 年版，第 16 页。

第四章　提高农民组织化程度

社会组织可以有效地避免单个人利益表达的盲目性和无序性，增强利益表达方式的理性化和合法化。[①] 新中国成立后，党和政府围绕着农业、农村、农民问题，通过国家主导的强制性制度变迁与自下而上的诱致性制度变迁的双向运动，不断地改变着乡村治理结构，塑造着农民组织形态。在土地改革时期、合作化运动时期、人民公社化运动时期、转型期四个不同阶段，农民组织化形态发生较大改变，农民利益表达渠道、手段及方式发生重大变迁。但是由于一些农民组织存在组织单一化、行政色彩浓厚及以组织利益取代农民利益等问题，不能适应特定时期农村发展的需要而渐淡出历史舞台。因此，必须在坚持多元原则、自愿原则及组织目标与农民利益一致原则的条件下加强村民委员会、基层党组织、各类农民经济组织等现有农民利益表达组织建设，积极利用村落其他组织资源以构建新型利益表达组织，并加强政府的引导与规范，提高农民组织化程度，提升利益表达效能，建构利益表达良好秩序。

第一节　新中国成立后我国农民组织化的历史变迁

新中国成立后，党和国家为了加强对农村经济、政治、文化与社会事业的管理，为了实现农民对自己赖以生存的物质资料——土地的利益追求，开展了土地改革运动，实现了国家政权对乡村的渗透，通过互助组、合作社，再到人民公社，不断探索着乡村治理范式。面对改革开放后农村发展的现实，在尊重农民利益表达的基础上，又进行了村民自治等改革实

---

① 陶元浩：《弱势群体利益表达机制社会化途径的完善》，《新东方》2007 年第 4 期。

践。总体来说，在不同阶段，围绕着农业、农村、农民问题，党和政府通过国家主导的强制性制度变迁与自下而上的诱致性制度变迁的双向运动，不断地改变着乡村治理结构。因时代不同、党和国家的任务和目标的差异，乡村治理在不同的时期表现出相异的路径选择，引起了农民组织化形式、农民利益表达渠道及效能等相关因素的变化。

一　土地改革时期农民的组织化

土地改革运动是继续完成新民主主义革命的一项重要任务，从1950年底开始到1952年在全国范围内基本完成。土地改革这一动员性活动是一种自上而下与自下而上利益表达相结合的产物。从国家的利益诉求来看，国家通过土地改革获取以下收益：一是通过土地改革可以有效地增加国家税收，有助于增强国家经济实力，搞好民主政治建设，改善人民生活。土地改革使土地得到重新分配，减少了社会的不平等，增加了国家的经济实力，使国家税收大幅度增加，特别是在1950年和1951年，农业税收是政府税收中重要的一种。1950年，农业毛税收大概占政府总税收的40%左右，虽然从这一点来看，农业税收确实是高了一点，但对于农村来说，相对于其过去所付的租金来说，还是少些。二是党和政府通过对土地进行重新分配，增强了农民对党和政府（新中国及新政权）的政治认同。同时，土地改革运动也是农民自下而上的利益表达的结果。土地改革前，地主掌握了所有土地的1/3，富农掌握了另外的15%—20%[①]，无地或少地的农民迫切想要得到几千年来自己一直赖以生存的生产资料——土地。正是看到、了解与认知到农民这种利益表达要求，中国共产党发动农民，通过土地改革，把地主和富农几乎所有的土地进行没收，重新分配给无地或少地的农民，土地改革中涉及再分配的土地占到全国耕地面积的43%[②]。在农民利益表达下，土地改革运动使贫下中农和雇农获取了较大收益。

但是，在土地改革中，无论是党和政府的利益诉求还是农民的利益表达必须有一个中介，也就是必须有一个组织使这种自上而下与自下而上的

---

① 黄宗智：《中国革命中的农村阶级斗争——从土改到"文革"时期的表达性现实与客观性现实》，载黄宗智编《中国乡村研究》第2辑，商务印书馆2003年版，第72页。

② 同上。

利益表达相交汇，并最终"改变利益表达结构，加强并提高利益表达结构的效率"①，产生一定的利益表达效能。亨廷顿在研究一些发展中国家的土地改革时提出了这样的论点：

> 土地改革的成效却总是依靠农民积极的和最终有组织的参与。土地改革的发动并不一定需要动员农民，但改革要想成功却必定要把农民动员并组织起来。改革法令只有通过那些致力于执行它们的组织变得制度化之时才会有效。如果要使土地改革成为现实，在政府和农民之间有两种组织联系是必不可少的。首先在几乎所有的情况下，政府必须自立起一个新的、经费充裕的行政组织，并配备立志于改革大业的专门人才去主持其事……土地改革所需要的第二种组织便是农民自身的组织。②

也就是说，要想使土地改革成功必须有赖于国家和农民之间的利益表达中介和桥梁，这样自上而下与自下而上的利益表达信息才不会受到阻塞或过滤。

土地改革时期，正是为了把国家的利益诉求向下传达，或主要是为了让农民的利益诉求能通过畅通无阻的渠道表达出来，使党和政府能及时认清农民的需求，维护、实现与增进农民利益，党和政府加强了对农民自身组织的建设。土地改革中，"党和政府一方面强调土地改革必须有领导、有计划、有秩序进行，另一方面强调必须贯彻群众路线，把农民充分发动起来，依靠农民自己的组织和力量来打倒地主，取得土地"③。中国共产党为了动员农民进行土地革命，每年有超过30万的干部受到训练后派往农村。他们拜访每个县、每个农村，现场研究当地问题，教育农民，并帮助他们建立自己的组织，在农村成立了农会，作为推动土地改革的力量。1950年6月，中央人民政府委员会通过并施行《中华人民共和国土地改革法》，法案规定："乡村农民大会，农民代表会及其选出的农民协会委

---

①　Kenneth Lieberthal, *Bureaucracy, Politics, and Decision Making in Post - Mao China*, Berkeley: University of California Press, 1992, p. 71.

②　[美]塞缪尔·亨廷顿：《变化社会中的政治秩序》，王冠华等译，生活·读书·新知三联书店1989年版，第364页。

③　李松晨编：《开国档案：1949—1956》，当代中国出版社1999年版，第321页。

员会，区、县、省各级农民代表大会及其选出的农民协会委员会，为改革土地制度的合法执行机关。"1950 年 7 月，政务院通过并公布了《农民协会组织通则》，再一次确定，农民协会是农民自愿结合的群众组织。同时规定，"根据中华人民共和国的土地改革法，农民协会是农村中改革土地制度的合法执行机关"①。因此，"建立农民协会是一种政治行为，而最经常、最有效地采取这种行动的又是政党，因为它需要农民组织的机制来取得农民的支持，并使农民与党牢牢地捆在一起。在处于现代化之中的国家，几乎每一个强大的政党都与某一个农民组织保持着密切的联系。这种组织当然能给党的领袖们效劳，但同样也能给农民效劳"②。从农民利益表达角度来考察，成立农民协会是将协会作为农民自愿结合起来的群众组织，作为农民的利益代表进行向上的利益表达。农协会成了名副其实的基层政权组织，由农民代表会议选举产生的农协会体制彻底取代了原有的乡村治理结构，农协会成了农民的利益表达组织，从而使农民的利益表达能够及时有效地进入国家决策视线中。

　　总体来说，中国共产党根据党和政府的利益诉求并注重农民利益表达而进行的土地改革，不但改变了传统束缚农村发展的旧有的土地关系，而且通过土地改革，党和政府将一部分农村积极分子吸收为农会干部、共产党员，成为农民新的利益表达者，在一定程度上可以代替农民的利益向上进行表达，从而有效地将国家影响力延伸到乡村之中。另外，中国共产党从满足农民"耕者有其田"的愿望入手，在综合农民利益表达的基础上，在农村迅速开展土地改革运动，对土地进行重新分配，及时反馈农民利益表达效果，从根本上改变了乡村社会生产关系。农民不仅在经济上获得了土地等生产资料，而且在政治上得以翻身解放。

　　成立农民协会，提高农民组织化程度，注重农民利益表达的结果是党和新政府的威信在广大农民中树立起来，农民对党和新政府更加拥护和支持，从而对国家新政权的认同大为增强。同时，获得土地的农民生产积极性日益提高，农业获得前所未有的丰收，1950 年至 1952 年，全国农业总产值各年分别比上年增长 17.8%、9.4%、15.2%③。

---

① 中国（海南）改革发展研究院：《农民权益保护》，中国经济出版社 2004 年版，第309 页。

② ［美］塞缪尔·亨廷顿：《变化社会中的政治秩序》，王冠华等译，生活·读书·新知三联书店 1989 年版，第 365 页。

③ 王鹏翔：《我国农民国民待遇问题浅析》，《农业经济》2003 年第 1 期。

二 合作化运动时期农民的组织化

土地改革运动虽然满足了农民对土地的要求，使贫下中农及雇农获取了其赖以生存的土地，实现了土地的农民所有制，改变了农村的土地关系。但是我们可以看到，土地改革是在乡村这种封闭的、传统的社会中进行的，没有得到城市的支援，没有与城市形成合唱，更没有和城市中的工业发生联系。所以，土地改革只是改变了农村的土地关系，不可能创建一些机制，使封闭的、传统的农村社会向开放的、现代的工业社会转变，即土地改革运动并未使中国社会发生结构性的转型。因而，"毛泽东把土地革命仅仅看作是'民权革命'或新民主主义革命的主要内容，而认为建设社会主义社会，必须要进行土地制度的集体化和国有化改造"①。通过什么方式能够迅速地实现土地的集体化和国有化呢？党和国家有关领导人认识到合作化是实现既定目标的最为有效的措施。在这种利益诉求下，党和国家开始推行合作化运动。

1953 年 12 月 16 日中央通过了《关于发展农业生产合作社的决议》，年底，过渡时期总路线公布后，使互助合作运动进入以发展初级农业生产合作社为中心的阶段。到 1956 年 4 月，全国大小合作社共有 108 万多个。加入合作社的农户，1.06 亿户以上，约占全国农户总数的 90%。其中高级社有 26 万多个，入社农户 6600 多万户，占全国总农户的 56%，初级社 82 万个，入社农户近 4000 万户，占全国总农户的 34%。从各省区市高级化的程度来看，河北、山西、吉林、黑龙江、广西、青海六省和北京、天津、上海三市的郊区，参加高级社的农户已经达到 90% 以上，辽宁省达到 86% 以上；内蒙古、江苏、安徽达到 70% 以上；山东、湖北、江西达到 60% 以上；浙江、福建、陕西达到 50% 以上，② 农业合作化取得了较大胜利。

农业合作化运动使中国农村的社会结构发生变化，国家对农村的管理控制模式发生变迁，农民组织也与土地改革运动时期有较大不同，农民利益表达的渠道、方式、效能也发生了较大的变革。

农业合作化的基本路径是从低级互助组到高级合作社的过程，从某种

---

① 王春光：《中国农村社会变迁》，云南人民出版社 1996 年版，第 13 页。
② 邓子恢：《农业合作化的情况和今后的工作任务》，《中国农垦》1956 年第 5 期。

意义上来说，无论何种形式的互助组织，都是一种经济性的组织，都是联系党、国家与农民的桥梁和中介，是代表农民进行经济利益表达的组织，是提高农民组织化的基本形式。

农业合作化运动，最终产生了两个极为重要的后果，一是农村基本的生产和生活资料掌握在集体经济组织手中，农民附属于政府和国家的局面已初步形成。"国家政权的扩张改造了乡村旧有的领导机制，并建立了新型的领导、推行了新的政策；特别是 50 年代以后的合作化，使得征税单位、土地所有和政权结构完全统一起来，在县及县以下重新确立与权力、权威与资源的分配方式"[1]，完成了民国政权未竟的"国家政权建设任务"[2]。正如王沪宁所认为的那样，合作化运动其实是一场潜在的政治重建的工程[3]。国家对农村控制治理模式发生变迁。二是通过合作化运动，构建了一定的经济组织，无论是初级农业生产合作社还是高级农业社。农村的经济组织在事实上已成为农民组织化的具体形式，具备了一定的利益表达功能，改变了农村的利益表达方式与渠道，实现了乡村治理的变革。

三　人民公社化运动时期农民的组织化

1958 年 8 月开始的中国农村人民公社化运动，是在社会主义总路线制定之后，在农业合作社基础上，以小社并大社的形式发展起来的。1958 年 10 月底，人民公社化运动以前，全国农业合作社约为 75 万个，公社化后全国农村人民公社约为 2.5 万—2.6 万个，参加的农户占总农户的 90.4%，平均每社 4700 多户，全国农村基本上实现了人民公社化[4]。在人民公社体制下，强调大而公，在组织上实现军事化管理，在生产上实行战斗化生产模式，在生活上实行平均化供给模式，由大队统一举办公共食堂，社员吃饭一律免费。

人民公社化运动是党和国家有关领导人的理想并付诸现实的利益表达结果，是党和国家有关领导人出于对共产主义的向往带领农民向共产主义

---

① Kenneth Lieberthal, *Bureaucracy, Politics, and Decision Making in Post - Mao China*, Berkeley: University of California Press, 1992, p. 334.

② ［美］杜赞奇：《文化、权力与国家》，王福明译，江苏人民出版社 1994 年版，第 241 页。

③ 王沪宁：《当代中国村落家族文化》，上海人民出版社 1991 年版，第 54 页。

④ 新华社：《全国农村基本实现公社化》，《人民日报》1958 年 10 月 1 日第 1 版。

理想社会进军的过程。人民公社化运动从国家利益诉求方面来考虑，国家出于资源提取的需要，也就是说，要在较短时期内实现我国的工业化和现代化，必须从农村中获取较多的资源以支持社会主义工业化的实现，而构建人民公社化体制则是能够充分利用农村资源，为工业化获取资源支持的一种最为便利的方式之一。1958 年，全国农村普遍取消乡镇政府，实行了政社合一的人民公社体制，合并了农村各种经济成分。人民公社成为当时农村基层政权的组织形式，实行自上而下的统一领导、统一计划、统一管理、统一劳动和统一分配，具有战争时代特点的管理与控制模式。在这种模式下，"家庭承担着相同的责任，实施着相同的行为，并与他人联系密切"①，公社、生产大队以及生产队掌握着乡村所有资源，公社可以凭借行政权力直接安排生产和进行分配，也可以通过组织体系内部的运作，调用管理与控制区域内所有生产队的劳力、资金及物资。在人民公社体制下，"公社对农民进行以基层政权为中心、为主导的重新组织，将几乎所有的生产、经营、居住及迁徙活动都掌握在基层政权手里，主要的农业资源及其分配由基层政权支配"②"到 1969 年，所有的组织、企业及乡村地区至少都有一个组织进行管理与控制"③。新中国成立后中国共产党选择了一条工业化优先的战略发展路径，国家通过工农产品的"剪刀差"，将部分乡村资源转移到现代工业部门，以满足工业化发展所需资金。"1952—1978 年，由于工农产品不等价交换，农业流入工业的资金为 3917 亿元，通过税收途径转向资金 935 亿元，两项合计 4852 亿元，扣除返还农业部门，农业流出资金 3120 亿元。"④ 人民公社化体制是特定时代的产物，适应了新中国成立以后党和政府经济发展战略的需要。

人民公社化运动不仅使农村社会结构发生变迁，也使农村的管理与控制模式发生变化，影响着农民利益表达的内外环境。

一是原来作为农民利益表达组织的农协不复存在。农民向公社这一农村基层政权进行利益表达，由于"小社仍然束缚生产力的发展，不能停

①　Zhang Mei, *China's Poor Regions*: *Rural - urban Migration*, *Poverty*, *Economic Reform*, *and Urbanisation*. London. Taylor & Francis, 2003, p. 128.

②　张静：《基层政权：乡村制度诸问题》，浙江人民出版社 2000 年版，第 35 页。

③　Lowell Dittmer, *China's Continuous Revolution*: *The Post - liberation Epoch*, *1949 - 1981*, Berkeley: University of California Press, 1987, p. 176.

④　李成贵：《中国农业政策——理论框架与应用分析》，中国社会科学出版社 1997 年版，第 49 页。

留太久，应当逐步合并。有些地方可以一乡为一个社，少数地方可以几乡为一个社，当然会有很多地方一乡有几个社的。不但平原地区可以办大社，山区也可以办大社"①。在毛泽东这种思维定式的影响下，公社在构建过程中一直存在着贪大的思想。一个公社的地理空间十分大，农民需要花费大量的时间与空间成本，增加了其利益表达成本，弱化了农民利益表达动力。

二是中国共产党组织体系拓展到大队一级，实现了党对农村社会的绝对领导，中国共产党基层组织成为了农民利益表达的组织，代表农民进行利益表达。但是，在人民公社体制下，"以国家权力为背景的集体经济组织掌握了乡村社会最基本的生产和生活资料及其最主要的资源配置方式，农民基本上没有属于个人自己的财富，公有制经济成为了唯一的利益源泉，农民对于集体经济组织的依附性已十分明显"②，个人利益服从整体利益或集体利益。虽然这一时期农民的组织化程度较高，理论上说农民利益表达应该较为频繁，效能较高。但在人民公社体制下，农民始终附属于公社，没有自己，也不敢提出自己的利益诉求，所以这一时期，农民虽然有较高的组织化程度，较畅通的利益表达渠道，但较少产生利益表达行为。

三是社团的利益表达受到了严格限制。在人民公社体制下，由于农村所有制较单一，利益主体单一，利益分化较少，利益表达行为也较少。尤其是 50 年代后期，即使有少量的利益表达，也被认为是个人主义的表现，成为当时被批判的对象。因此，虽然建立在血缘关系或建立在其他关系（如职业协会）基础之上的组织利益并没有消失，但在语言表达上谈论组织利益却成为禁忌③。在此情况下，社团的利益表达是偶发的、低效的，往往只能通过非制度化方式来表达社团的意见和要求。在"文化大革命"时期，对广大农民群众而言，"文化大革命不是一个革命的变革，而是一个宣泄的机会，可以表达自己的需要和压抑"④，正式的利益表达渠道如

①　《建国以来毛泽东文稿》第 5 册，中央文献出版社 1991 年版，第 515—516 页。

②　于建嵘：《岳村政治——转型期中国乡村政治结构的变迁》，商务印书馆 2001 年版，第 284 页。

③　Lowell Dittmer, *China's Continuous Revolution: The Post - liberation Epoch, 1949 - 1981*, Berkeley: University of California Press, 1987, p. 107.

④　Ibid. , p. 92.

人民代表大会制度受到严重破坏，不能有效表达农民利益要求，无休止的政治学习和政治运动成为农民政治生活的常态。

虽然人民公社化运动实现了国家从农村汲取资源的利益诉求，但人民公社组织取代了一切行政和非行政组织，"除此以外，不再有任何民间的生产、生活、娱乐组织，农村社会几乎就是一个军事化的社会"①，利益格局单一化。所以，人民公社化运动的最终结果，一是导致农民利益表达意识的缺失，或限制了农民的利益表达，农民失去了生产的积极性与创造性，农民只是在党和国家的指示下，或在干部人员的分配下被动地从事着农业生产。二是造成农业的低效率运行。由于农民失去了生产的积极性，再加上自己的利益表达不能达至决策层中，使决策忽视了农村发展的实际，造成很多决策的失误，或干部不能将农民利益表达完整、准确地传达至决策中，导致农民利益表达信息失真，对农业生产产生影响。1958 年发生的"大跃进"和人民公社化运动，导致农业总产值下滑，1960 年农业总产值比 1957 年下降了 22.7%②。三是农民对国家认同感下降。如果说人民公社化运动前期，是农民基于对共产主义理想社会的追求，在行动中也表达了这种追求，属于一种理想型利益表达。但是当农民没有从国家那里获取一定利益时，就弱化了对国家的认同感，这种弱化了的认同感继而又影响到农民生产的积极性及农业低效率运行。四是造成城乡分割制度的形成。1958 年 1 月，全国人大常委会第 91 次会议讨论通过了《中华人民共和国户口登记条例》，该条例第 10 条第 2 款对农村人口进入城市做出了带有约束性的规定："公民由农村迁往城市，必须持有城市劳动部门的录用证明，学校的录取证明，或者城市户口登记机关的准予迁入的证明，向常住地户口登记机关申请迁出手续。"这一规定标志着中国以严格限制农村人口向城市流动为核心的户口迁移制度的形成，达到了限制城乡人口的迁移流动，把户口控制与国家计划资源控制相结合的目的③，并以此为核心，形成了影响农村几十年的城乡二元结构。

人民公社体制尽管在一定时期适应了国家治理的需要，完成了党和国家的利益诉求；且高度集权体制和大集体、大一统的管理模式尽管提高了

---

①　李守经、邱馨：《中国农村基层社会组织体系研究》，中国农业出版社 1994 年版，第 72 页。

②　王鹏翔：《我国农民国民待遇问题浅析》，《农业经济》2003 年第 1 期。

③　陆益龙：《户籍制度：控制与社会差别》，商务印书馆 2003 年版，第 124 页。

农民组织化程度，但却严重限制了农民的利益表达，阻碍了农村的经济发展，不能适应新形势下农民利益表达的需要，迫切需要新的体制来代替，人民公社体制最终走向解体。

四 转型期农民的组织化

在人民公社体制下，农民的生产积极性降低，主观能动性受到限制，一定程度上阻碍了农村经济的发展和农业生产力的提高，根本原因就在于这种体制违背了农民的利益要求。追求党和政府利益诉求而忽视了农民利益表达的结果就是 20 多年的集体化农业的低效率，农民的基本生存环境受到威胁，最终导致了家庭联产承包责任制的诞生。

家庭联产承包责任制在 1981 年底被官方正式予以承认，并在全国范围内迅速推广。1983 年 1 月，家庭联产承包责任制已占全国农户总数的70% 以上，成为主要形式，并继续向尚未实行的地区和林、牧、副、渔各业及农村经济的其他领域扩展，"家联产承包责任制彻底改变了自高级社以来农业生产'集体统一经营'形式，重新确立了家庭经济的地位"[1]。家庭耕作重新成为中国重要的耕作制度，它突破了人民公社几十年带有深厚平均主义色彩的管理体制，使农民取得了生产、消费、分配的自主权，基本上理顺了农民与集体的关系，提高了农民的积极性和创造性，极大地解放了农村劳动生产力，推动了农村经济的发展，出现了农民增收的黄金时期。这些都说明农民的利益表达迎来了党中央的好政策，好的政策又推动了农村经济的发展。农业的去合作化成为现代化的驱动力，给农民在土地上以利益，使他们自己决定农业生产的收益与得失。实行包产到户后，农民的劳动生产率一般都提高了 50% 以上[2]。1979 年至 1983 年，我国的农业总产值平均每年增长 9.2%，创新中国成立以来最高水平。[3]

"长期被压抑的农业制度变迁的内驱力迅速外溢，转化为农民寻求改善其生存环境的顽强努力，而其必然趋向即是对延续了 20 多年的人民公

---

[1] 王明初：《中国社会主义公有制研究》，红旗出版社 1998 年版，第 168 页。

[2] 张振华：《从制度变迁视角审视新中国工业化进程中的农业发展历程》，《广东行政学院学报》2005 年第 4 期。

[3] 项继权：《为城乡协调发展提供制度保障》（http: //www. ccrs. org. cn/studyLLst. asp）。

社体制的冲击和突破。"① 同时，中国农村的经济改革政策从根本上改变了中国农村的基本性质，改变了传统的政治结构与政治体制，创造了一个新的权力模式及政治合作与冲突的框架，具体表现为村民自治体制的诞生、扩展与成熟。村民自治就是广大农民群众直接行使民主权利，依法办理自己的事情，创造自己的幸福生活，实行自我管理、自我教育、自我服务的一项基本社会政治制度。到 1985 年 6 月，全国农村人民公社政社分开、建立乡政府的工作已经全部结束。建乡前全国共有 5.6 万多个人民公社、镇，政、社分开后，全国共建了 9.2 万多个乡（包括民族乡）、镇人民政府。各地在建乡的同时，建立村民委员会 82 万多个。从此以后，村民自治的乡村治理模式建立起来了，"村处于国家和社会的交接处。国家权力要通过村下沉到村民之中，村民则要通过村进入国家生活，并在村的范围内行使民主自治权。村因此成为最基本的政治单元"②。因此，"村民自治是邓小平经济改革带来的必然结果，它改变了原来农村公社作为联系村民和中国共产党的桥梁和中介的治理方式"③，为农民提供了一个新的利益表达组织，通过村民自治委员会，农民增强了自己的利益表达意识，增强了利益表达主动性，提高了利益表达素质与效能。

除了村民委员会这种农民利益表达组织外，还有中国共产党的基层组织。在从传统社会向现代社会变迁的过程中，中国共产党执政的内外环境发生重大变化。面对着转型时期中国农村发展的需要，党中央加强了各地基层组织建设，农村基层党组织的凝聚力、战斗力、号召力得到有效增强，农村党员素质得到了提升，代表农民利益要求的主动性、积极性增强，成为转型期中国农民利益表达的一个重要组织形态。

随着社会转型的发展、社会主义市场经济在农村的渗透，特别是随着通信水平的进步，新的价值观、信仰、观念和目标在社会广泛传播，增加了各种农民利益表达组织，由农民自愿组成的各类合作组织发挥着农民利益表达组织的功能。虽然各类合作组织在转型时期取得了较大发展，但与中国近 2.5 亿农户、近 4 万个乡镇以及近 70 万个行政村的庞大农村组织网络体系相比较，农村合作组织的总体发展水平仍旧很低，入社农户数量

---

① 张厚安、徐勇：《中国农村政治稳定与发展》，武汉出版社 1995 年版，第 111 页。

② 包俊洪、吴治平：《乡村选举中的"两票制"》，红旗出版社 2004 年版，第 5 页。

③ Becky Shelley, *Democratic Development in East Asia*, London：Taylor & Francis Routledge, 2005, p. 81.

非常有限，远远不及发达国家甚至一些发展中国家。①

在由计划经济向市场经济转轨过程中，农民获取了各种形态的组织，农民组织化程度有了一定提高，但总体上来说，仍然不能满足农民自身利益表达发展的需要。囿于转型时期现时国情及农民长期所形成的阻碍其组织起来的行为模式，加之农村人口居住的分散性，以及通信技术的不发达，有组织的政治参与处于一种较低水平，现阶段将农民组织起来还面临着经济、政治、文化及社会等因素的制约，提高农民组织化程度仍面临着巨大挑战。

第二节　农民组织化历史变迁过程中存在的问题

在历史发展中，农民组织化实现了党和国家在特定时期的目标，在国家有意识的强制性制度变迁下，农民组织的形态也发生了较大变化。但是，由于这些组织在历史发展中存在组织单一化、行政色彩浓厚以及以组织利益代替农民利益等问题，缺失了凝聚力与向心力。

一　组织单一化

农民组织化形态的历史变迁一般都是由政府主导下的强制度性制度变迁所造成的副产品。在强制性制度变迁路径依赖下，农民组织化形态深受行政部门的影响，受行政部门支配现象严重，同时，受制于特定时期党和国家发展目标的需要，这些组织形态不仅在结构上是单一化的，而且在职能上也是单一化的。虽然在社会转型时期产生的一些新的经济组织试图改变单一化特点，但是部分政府和部门对农民组织的性质、地位，以及在提高农民利益表达效能，减少或防止农民非制度化利益表达方面的作用还缺乏清楚的认识，不能转换其职能，甚至不愿意将一些职能转移给农民组织。所以，从整体上看，组织单一化的趋势在现实农村政治、经济运行中未能得到有效改观。

（一）组织结构单一化

---

① 甄杰：《坚持以发展农村经济为中心　构筑新农村建设的战略支点》，载河南省社会科学院邓小平理论和"三个代表"重要思想研究中心编《坚持科学发展构建和谐社会：全国社科院系统邓小平理论研究中心第十二届年会暨理论研讨会论文集》，河南人民出版社2007年版，第169页。

虽然新中国成立后我国不同时期的农民组织在党和政府等力量的推动下，能将农民在全国范围内组织起来，能够根据情况成立全国性的机构，比如覆盖全国的农协会，遍布各地的人民公社等，但这些全国性的机构在组织形态上却表现出单一化。这种单一化主要体现在两个方面：

1. 横向结构的单一化

在我国农民组织化发展的历史过程中，基于不同时期的需要，我国建立了各个层级的农民组织，但从横向结构上来考察，这种组织形态是单一的。除了维护党对整个国家社会的直接控制而产生的农村基层党组织一直存在于农民组织化的发展历史中之外，行政权力构建下的农民利益表达组织形态是在不断变化的，但除了行政权力建立下的组织以及党的基层组织之外，再也没有其他的组织化形态可以表达农民的利益要求。这种横向结构的单一性不能有效地满足农民日益增长的利益需求。

2. 纵向结构的单一化

虽然基层党组织，行政权力构建的组织形态一直存在于中国农村中，即使形态在发生变化，都在一定程度上代表着农民的利益向上进行表达，但是这种纵向组织也表现出一定的单一化。党组织或农民行政性组织虽然层次不少，但是在各个层级的组织内部之间缺乏利益的独立性，在组织内部和组织之间缺乏职能分化的机制，缺乏自组织职能，在历史变迁过程中，很难通过各组织之间的相互协调来促进组织的发展。

单一化的组织在其自身发展的过程中，缺乏利益相关性，不能有效地维护自身组织利益，也不能有效地维护其成员的利益，更不能依据其自身发展需要来处理好与同时期存在的其他农民组织的利益关系，使组织在不良环境中发展。因此，由于自身存在着缺陷，随着外部环境的变化，党和政府目标的变迁，以及内部成员素养的提高，单一化的组织结构就不能适应农民需要，不能有效地表达农民利益要求，对农民的吸引力与凝聚力逐渐降低。

（二）组织职能单一化

组织职能是组织在运行过程中发挥的作用与功能，组织职能不仅显示出组织能力的强弱，也显示出组织目标与发展趋势。在我国农民组织化历史发展过程中，组织职能是单一的。农协会的职能主要是领导和鼓动农民完成土地革命任务，政治职能为其主要职能。互助组是领导农民解放和发展农村生产力，是为了农村经济发展这一经济职能。人民公社是为了加强对全国的控制，实现集体走向社会主义大道的制度安排。即使依据群体意愿组织起来的村民委员会，虽然有关法律、法规都承认和保障村民委员会的自我管理、自我教育、自我服务等权利，但在发展历史过程中也存在组织职能单一问题，成为政府的传声筒和完成基层政府摊派任务的工具，既不能代表乡村和农民的利益，向上反映他们的愿望与诉求，也未能对乡村公益事业做出积极的行为。即使现在得到很多研究者和官方认同的各类经济合作组织，在运行过程中也表现出职能单一化特点。根据农业部的初步统计，"全国各类农民专业合作经济组织从产业分布上看，49%分布在种植业的生产经营服务方面，20.4%分布在畜牧业的生产经营服务方面，主要仍以种植业和畜牧业为主……从业务活动上看，44.5%的组织从事产加销综合服务，20.2%是以技术服务为主"①，其主要职能就是生产经营，缺少为农民提供各种服务的社会化功能。

因此，组织职能的单一导致农民组织自主性差，农民利益要求不能得到全面、准确、有效的表达，降低了组织的认同度。

二　行政色彩浓厚

从中国农民组织化的历史变迁中，我们可以看出农民组织化的发育与发展都具有较浓厚的行政色彩。政府在支持、鼓励农民提高组织化的同时，从外部环境上控制着农民利益表达组织发育、发展的方向与整体发展态势。政府强调的是农民组织的服务作用与辅助作用，对于农民组织的自治、自律和自立重视不够，使农民组织未能取得农民的信任与依赖，也未能充分调动农民积极性与主动性，更无法充分、有效地发挥其表达农民利益要求的功能。

（一）农民组织的成立表现出较强的行政色彩

土地改革运动时期的农协会是党和国家基于完成新民主主义革命的未竟事宜所做出的制度安排，试图通过成立农协会，改变乡村的土地结构，增强农民对新政权的认同。因此，对于农协会的成立，党和政府不仅从政策上加以支持，如《中华人民共和国土地改革法》中对其地位与作用的规定，而且在人员安排上都是由党和政府运作的。合作化运动时期的互助组织从理论上讲是农民自愿结合的组织形态，但在构建过程中却违反了农

---

① 李小云等编：《中国农村情况报告2008》，社会科学文献出版社2009年版，第232页。

民自愿原则，使当时的合作组织的价值取向首先是政治的，为党和国家有关目的服务，然后是经济的，为农村经济发展服务，因此带有浓厚的行政色彩。人民公社化时期由于实行"政社合一"的制度安排，农民组织的强行政色彩得到有力彰显。在人民公社化时期：

> 农民意愿被完全忽视……这个时期个人意志根本无法表达，不顺应潮流就意味着个人政治权利和经济权利的丧失，这时的合作由经济领域转向了政治领域，并成为阶级斗争的工具。传统的农村民间组织如庙会、宗亲会、祠堂、乡贤会等相继被当作封建残余或反动势力而被取消。一些组织，如农会、妇女联合会、共青团、农业合作社、互助组、生产队等，事实上是党支部的执行机构和中央政府规定的农村组织，带有极大的强制性，不管农民是否愿意，一般都必须加入相应的组织。农民自发成立的任何其他组织都不允许存在，一经发现立即取缔①。

即使在社会转型时期形成的从理论上来说是农民真正的自愿联合的合作经济组织，仍然有一些是"依托政府或部门兴办，组织的负责人也多为专业大户或技术能手，还有一些负责人为村干部、地方退休干部和农业技术推广人员，个别人还分别担任或兼任县政协副主席、县人大代表、县政协委员、县农业局党委委员、镇政府农办副主任和信用社主任等"②。据农业部的统计，在转型时期所形成的一些农民合作组织，"69.2%的发起人是农村能人和专业大户，12.7%是基层农技推广部门，可见发起人仍以农民和基层工作人员为主"③。虽然村民委员会是在农民自愿、协商基础上产生的，但在村民委员会发展过程中，在特定时期也表现出较强的行政色彩，以至于成为一个准行政组织，主要精力用于完成基层政府交办的工作，一定程度上减弱了村民委员会对村民的凝聚力和向心力。

（二）农民组织在运行过程中表现出较强的行政色彩

农民组织在历史发展中不仅在成立上表现出较强的行政色彩，就是在

---

① 李小云等编：《中国农村情况报告 2008》，社会科学文献出版社 2009 年版，第 228 页。

② 王蒲华：《农民合作经济组织的实践与发展——福建实证分析》，中国农业出版社 2006 年版，第 129 页。

③ 李小云等编：《中国农村情况报告 2008》，社会科学文献出版社 2009 年版，第 232 页。

运行过程中也具有较强的行政色彩。土地改革时期形成的农协会主要贯彻党和政府的意图，在实践中根据党和政府的命令，发挥着行政组织的职能。党和政府对农协会的日常行动给予关注、支持。合作化运动时期所形成的互助组也是在政府的支配下从事着经济生活的。人民公社实行了"政社合一"，政府的行动即成为了农民组织的行动，政府的日常行动逻辑也就成了农民组织的日常行动逻辑。转型时期，村民委员会的运行在特定时期也深深打上了行政色彩的烙印，村治的行政色彩也浓于其自治功能。"正是在这种情况下，很多村委会实际上成为了乡镇政府的下属机构。这种行政化的村委会难以真正发挥'自我管理、自我教育、自我服务'的功能。他们不仅不能成为农民利益表达的畅通渠道，而且常常还会以维护农村的社会稳定为由，对农民正当的利益表达活动进行干涉。"①

（三）农民组织的资源供给表现出较强的行政色彩

构成组织的资源可以分为物质资源与精神资源两类，物质资源主要是指构成组织所需要的人、经费和物资设备，精神资源主要是指组织的目标、权责结构以及在组织中所形成的特定人际关系。首先，从物质资源供给上看。在不同时期所形成的农民组织，如农协会、互助组、人民公社、村民委员会以及现在的部分合作组织等，在人员、经费和物资设备上一般都是由政府提供的。如土地改革时期的农协会，由党和政府训练农协会的成员，然后调动农民参与到土地改革运动中。在人民公社化时期，人员、经费与物资都由基层政府负担。在特定时期，村民委员会在运行过程中，一些村长也是由上级指派的，经费来源也主要来自基层政府。其次，从精神资源供给来看。无论是农协会、互助组还是人民公社，其目标都是由党和政府指定的，都贯彻着党和政府的方针、政策与路线。虽然转型时期的村民委员会及各类合作组织在执行党和政府的目标上有了较大改观，但仍然受着党和政府目标的制约，在现实运行当中也不得不认真对待、执行党和政府的有关目标。在人际关系上，农协会、互助组以及人民公社的领导一般都是由行政机关指派的。当一些农民组织领导由行政机关特别是由基层政府指定担当时，造成农民认为很多组织是某些领导办的或是领导干部的事，农民参与组织活动的积极性就下降，农民通过组织化的利益表达行

---

① 李志明：《空间、权力与反抗：城中村违法建设的空间政治解析》，东南大学出版社2009年版，第104页。

为也大打折扣。从管理方式上来看，政府特别是基层政府把一些农民组织看成是自己的下属，命令、干涉农民组织的运作，往往以加强管理、维护农村稳定、促进农村发展为由，指定农民组织领导，频繁干预组织工作，造成农民组织的性质、地位与职能不明确，代表农民利益进行表达的功能难以落到组织运行实践中。

三　以组织利益取代农民利益

任何一个组织都由一定人员组成，都在一定环境中努力地实现着自己的目标，因此，组织在运行过程中就形成了较多利益相关者。组织的利益相关者是指一个组织在运行过程中，与其获取的利益相关的各类主体。一般来说，组织利益相关者分为内部利益相关者与外部利益相关者，内部利益相关者是指受组织利益影响的内部成员，外部利益相关者是指受组织利益影响的外部主体。作为农民利益表达组织来说，其内部利益相关者就是农民，其外部利益相关者有很多，如其他群体或阶层、党或政府。在中国农民组织化发展的历史变迁中，组织总是在外部利益相关者（主要是政府）与内部利益相关者（农民）互动过程中发展的。

一个组织对外部利益相关者与内部利益相关者的影响在不同时期存在差异。从理论上来说，组织首先应处理好内部利益相关者，即通过组织自身的现实运作为组织成员谋取更多利益，只有这样，才能调动内部利益相关者的积极性与主动性，争取组织的更大发展。但是组织总是处于一定外部环境中，外部利益相关者也是组织运作过程中必须考量的重要因素。因此，一个组织如何处理好外部利益相关者与内部利益相关者的关系决定着组织发展的基本方向与成长态势。当然，一个组织与内部利益相关者的利益基本上是一致的，出现一荣俱荣、一损俱损的态势，但是，如果组织不能很好地处理外部利益相关者与内部利益相关者的关系，组织发展就会出现问题。当过多地考量外部利益相关者，即过多地为外部环境谋取利益的时候，组织的利益就与内部利益相关者的利益产生冲突，甚至出现以组织利益取代内部利益相关者利益的现象。

土地改革运动时期的农会对中国农村土地结构的变革发挥了巨大作用，在农会支持、号召与动员下，土地改革运动很快完成。从一定意义上来说，农会是农村土地改革的执行机构，是联系党、政府和农民的桥梁与中介，部分地行使着农民利益表达功能。然而，国家权力始终对乡村社会起着主导作用，在动员乡村力量组织"农民协会"时，并没有将农会置于体制之外，而是通过一系列的权力控制将农会限制在体制之内。但是，在行政力量的控制之下，农会关注较多的还是外部利益相关者的利益，是为了完成党和政府未竟任务的目标，实现国家对农村的直接控制与领导，较少关注农民利益。因此，随着土地改革的完成，那些已成为了乡村社会权力体制中最重要的政治力量的农民协会，悄然退出了中国乡村社会的政治舞台[1]。之后进入了农业合作化时期，从互助组、初级社到高级社，这些合作社不仅成为农村的经济组织，而且提高了农民组织化程度，重构了农民利益表达组织。人民公社化运动的开展，人民公社成为国家权力渗透乡村的中介，成为农民利益表达的新的组织形式。但是，无论是合作社等经济组织还是人民公社这一行政性组织仍然都是以外部利益相关者的利益取代内部利益相关者的利益，国家试图通过这些组织化的形式，引导农民走上共产主义大道。

因此，通过对我国农民组织化历史变迁的考察，我们发现在整个历史发展过程中，存在着以组织利益取代农民利益的现象，也就是说，在整个农民组织化发展的历史变迁中，农民组织过多地关注了外部利益相关者的利益，主要体现为党和政府的利益，而较少关注内部利益相关者，即其成员——农民的利益。所以，这些农民利益表达的组织并没有促进中国农业现代化进程，也没有有效地实现、维护和增进农民的利益，最终因跟不上农民利益表达的需求而渐逝。这种组织化之所以失败，是因为"这样的行政组织把自己的组织目标和利益当作农村社会以及农民个人的目标和利益，实际上两者是不一样的，经常产生脱节现象，从而使行政组织的目标和利益得不到农村社会和农民的真正认同，也就调动不了农民的积极性，所以这样的组织化最终是不成功的"[2]。

第三节　提高农民组织化程度应坚持的基本原则

通过对土地革命运动、合作化运动、人民公社化运动及转型期各个时

---

[1]　张扬：《中国近代农会组织的历史演变及启示》，《内蒙古社会科学》（汉文版）2005年第5期。

[2]　陆学艺：《中国社会主义道路与农村现代化》，江西人民出版社1996年版，第210—211页。

期农民组织形态的考察，我们可以看到这些农民组织形态大多是政治或行政的产物，不能满足农民自身利益表达发展的需要，在实践中其功能逐渐弱化，并淡出历史舞台。因此，构建任何一个利益表达组织必须具备一定的前提与条件，必须坚持一定原则。在转型期的当代中国，构建农民利益表达组织，提高其组织化程度，必须坚持多元原则、自愿原则与组织目标与农民利益一致原则。

一　坚持多元原则

随着农村社会生产力的发展，社会主义市场经济在农村的渗透与扩展，农民的需求日益多元化，由原来单纯地追求生存需求的物质层面转向以发展为中心的精神层面。农民需求的多样性，必然导致其对组织需求的多元化。因此，构建农民利益表达组织的一个基本原则应是坚持组织的多元化。这种多元化的组织为不同农民的利益表达提供了多元的选择，使不同农民差异化的利益要求可以通过不同的组织进行表达。这些组织形成了类似分拣的作用，即因为多元组织的存在，当农民表达自己的利益要求时，可以根据自己利益要求的性质，是政治的、法律的还是文化的，向不同的利益表达组织进行表达，从而避免了单一利益表达组织接收信息的被动性，提高了利益表达组织接收信息的效率，有效地减少或避免非制度化利益表达。

农民利益表达组织构建的多元化主要体现在以下两个方面：一是利益表达组织纵向结构的多元化。利益表达组织的纵向结构也称作塔形结构，即多元利益表达组织之间的关系呈现等级结构形式：处于顶点的是具有最高控制作用的全国性的农民利益表达组织，最下是分散于全国各地的农民利益表达组织，各地的利益表达组织在全国性的农民利益表达组织指导下进行工作。也就是要形成与党和政府相似的具有科层制特点的领导体系，形成合理的纵向结构。"一个合理的纵向结构，表现为上下层次布局合理，并能体现上一层次对下一层次的指导作用和规定作用，以及下一层次对上一层次的基础作用和映象作用。如果上下层次布局不合理或上下层次的作用失序，即上层次发挥不了指导作用和规定作用，下层次体现不了基础作用和映象作用，则这种纵向结构就不合理。"[1] 通过合理的纵向结构

---

[1]　江家齐、黄禧祯：《精神文明建设系统论》，广州出版社 1997 年版，第 97 页。

促进农民利益表达组织的多元化发展，增强利益表达组织的话语权，有效减少或防止农民非制度化利益表达。二是农民利益表达组织横向结构的多元化。农民利益表达组织横向结构的多元化主要体现在针对农民政治的、经济的、文化的以及社会的利益要求，构建不同种的利益表达组织以满足农民这些利益表达的要求，即农民利益表达组织不仅有政治性的，也有经济性的，更有文化性的，这就体现了组织的横向多元化。

　　农民利益表达组织构建应坚持的多元化原则缘于转型期中国农民的需要。一般来说，转型期中国农民的需要具有以下特征：一是农民需要的多层次性。人的需要是有层次的，是从低级到高级，从物质到精神的递进式过程。恩格斯把人的需要分为三种：对生存资料的需要、对享受资料的需要和对发展资料的需要。"在人人都必须劳动的条件下，人人也都同等地愈益丰富地得到生活资料、享受资料、发展和表现一切体力和智力所需要的资料。"① 这种层次性也在农民利益表达中得以彰显。农民追求的有时是生理方面的需要，有时是安全方面的需要，这些需要是利益表达的前提与基础，也是利益表达的基本内容。因此，多元化需要的满足必然要求有多元化的组织。二是农民需要的历史性。任何利益表达的内容都是特定时空的反映，具有一定的历史性，正如马克思所说，"已经得到的满足的第一个需要本身，满足需要的活动和已经获得为满足需要用的工具又引起新的需要"②，体现出需要的历史性。也就是说，在特定条件下，这种需要是必要的，也是合理的，但如果超出了特定的历史阶段，有时则会是不合理的，对此需要的实现也是困难的。需要的历史性是农民利益表达组织变迁的驱动力，而利益表达组织形态的变革也反映出农民利益需要的变迁。三是农民需要的多样性。多样性与层次性不是同一概念，层次性反映的是农民之所以进行利益表达，根本动力在于实现当前的利益，而多样性是指在同一次利益表达行为中，农民所追求的利益可能是多样的。比如，有时混合了物质利益，有时注重精神利益，也有时把私人利益与集体利益及国家利益结合起来，这就凸显了农民需要的多样性。多样性必然需要多元化的利益表达组织来代表这些利益进行表达。四是农民需要的复杂性。由于需要的历史性、需要的多样性以及需要的多层次性，使农民利益要求表现

① 《马克思恩格斯选集》第 1 卷，人民出版社 1995 年版，第 330 页。
② 同上书，第 79 页。

出复杂性，同时，在特定的空间范围内，农民具有不同的需要，这些需要都要由一定利益表达组织来代表并进行诉求。

构建多元化的利益表达组织以满足形形色色的农民不同利益需要。因此，单一的组织不是农民组织化所要求的，从而也不是农村现代化所需要的。从当前转型期中国农村实际来看，构建多元化的横向农民利益表达组织是解决转型期中国农民组织化的关键选择之一。

二　坚持自愿原则

新中国成立后提高农民组织化程度所产生的各种农民利益表达组织形态，"从制度角度来看，这些组织不是内生的，而是由现代化的主导者国家来供给的。这些组织从现实功能上来看主要是为成员提供农业生产、村务管理等方面的服务，多缺少利益表达的功能。这些组织或流于形式且规模太小，或异化为政府职能部门，没有充分代表农民去争得应有的公共决策参与权或话语权"①，从某种意义上来说，村民自治也是由政府推动而非社会推动的产物。政府过多干预农民组织运行，农民组织也过度依赖政府的支持，缺乏应有的自治性、自愿性和自主性，未能真正履行利益聚合，代表成员进行利益表达的协调、自律、中介、服务等职能，不能真正地、独立地进行有效的利益表达。因此，为了提高农民组织化程度，提高其表达农民利益要求的效能，必须坚持自愿原则，使农民组织在成立、运行过程中不受外界环境的干扰，由农民决定组织的一切，真正发挥其利益表达功能。

自愿原则是指农民在构建自己的利益表达组织时，有权按照自己内心的真实意愿去设立、变更、终止利益表达组织。自愿是平等的基础，又是平等的必然推论，也是农民自主性的重要体现。农民在构建利益表达组织时有权排除国家权力、其他组织和个人的非法干预。换句话说，农民是否愿意建立自己的利益表达组织，与哪些人建立利益表达组织，建立什么样的利益表达组织，以什么形式、内容建立利益表达组织，是否加入或退出利益表达组织完全取决于农民个体的自愿。因此，这里的自愿原则主要包括以下两个层面的含义：

---

① 冯孝宝：《当代中国农民利益表达机制的构建》，载田强、刘学编《地方政府治理创新研究》，湖北人民出版社 2007 年版，第 180 页。

第一，根据法律与政策的要求自愿成立组织。这意味着两个方面的自愿，一是农民结社自愿。自愿是自由的一种体现。"结社自由，是个体基于不同的原因而与他人结成名称、规模、宗旨和目标等各不相同的组织的权利"①，是公民的一项基本政治权利，我国宪法也明确规定了公民具有结社自由的权利。托克维尔就曾指出，结社自由是仅次于自己活动自由的最自然的自由，而政治方面的结社自由又是一切自由中最后获得人民支持的自由。② 农民构建自己的利益表达组织应不受外力约束，完全是按照宪法、法律规定行使自己的平等结社权利。也就是说，农民在实践过程中深感有组织起来的必要性和可能性，因而自愿、自主地组建各种组织，而不是通过行政手段或以命令方式违背农民自主性，强行地将农民组织起来，或者是以外界的力量强加给他们一些组织。二是农民为利益表达组织工作的自愿。农民可以根据利益表达组织的要求进行社团活动，这些社团活动是建立在农民自愿的基础上，农民利益表达组织的工作和活动，必须适合大多数农民的利益要求。

第二，农民有自愿加入组织与退出组织的自由。加入组织的自愿是农民利益表达组织自愿原则的基础内容。在民主社会里，在完全平等的条件下，每个社会个体都有权利决定加入或不加入某个组织，即完全按照自己的意愿，在主体性充分得到体现的情况下参加组织，并完全可以排除其他人或其他权力对于自己决策和行为的随意干预。"无论是政府，还是社团及社团中的其他成员，都无权随意强迫个体加入或退出某个社团。"③ 同时，农民有自愿加入组织与退出组织的自由也体现在农民自愿参加对象的自由，即农民可以参加或退出各种利益表达组织，不应受到外来力量的干涉。

三　坚持组织目标与农民利益一致原则

新中国成立后，囿于特定历史背景，农民组织化程度的提高不是基于农民利益与组织目标相一致的原则，而是基于不同时期党和国家发展的需要及政府政策的偏好。组织只关注外部利益相关者党和政府的利益，忽视

---

① 王四新：《结社自由简论》，《广州大学学报》（社会科学版）2008 年第 7 期。
② ［法］托克维尔：《论美国的民主》，董果良译，商务印书馆 1988 年版，第 217 页。
③ 王四新：《结社自由简论》，《广州大学学报》（社会科学版）2008 年第 7 期。

内部利益相关者农民的利益，导致农民组织形态不能有效、持续地维护、实现与增进农民利益，提高农民利益表达效能。

奥尔森通过对美国工会以及其他压力集团等日常行动考察后认为，一个组织的能量与集体行动并不与该组织成员数量成正比，组织规模越大，人数越多，并非其行动越有力。组织只有在保证其目标、利益与成员目标、利益一致的情况下，才能形成合力，增强集体行动的力量，如果组织利益与成员利益不一致，可能会陷入"集体行动的困境"。① 因此，在转型期的当代中国，减少或防止农民非制度化利益表达，提高农民组织化程度，构建农民利益表达组织必须坚持组织目标与农民利益一致原则。因为，任何一个组织都是根据一定目标设立的，其一切活动都是围绕着既定组织目标进行的。"目标是组织赖以产生、发展的基础和原因，是组织存在的灵魂，是组织前进的方向。它从本质上反映了组织的基本功能。"② 构建农民利益表达组织，提高农民组织化程度的基本目标是使组织代表农民利益，向各级政府表达利益要求，提高利益表达效能。

同时，在坚持组织目标、利益与农民目标、利益一致基础上，组织在运行过程中还必须能为内部利益相关者带来利益，否则，农民在无利情况下往往会采取观望态度。因为在利益表达过程中，集体的行动总是由其成员在收益与成本之间进行选择后的行动。"一个组织如何衡量自己成员利益与组织利益的关系是一个较为关键的问题。"③ 在市场经济环境下，任何一个组织的成立与运行都会存在着组织内成员的成本与收益的分析，并根据分析结果，组织成员有选择地介入各种经济活动。"人们同样也会不同程度地进行成本—收益分析，以决定自己是否参与某一政治活动。"④ 同时，在政治活动中，组织内的成员"都理性地、努力地试图使自己利益最大化，自己成本最小化"⑤。因此，在构建农民利益表达组织过程中，组织内成员虽然都有共同的利益，或对某项政策产生集体不满情绪但也并不能自动地或轻易地转化成集体行动，尤其是高风险的社会行动。成本与

---

① ［美］奥尔森：《集体行动的逻辑》，东郁等译，生活、读书、新知三联书店 1995 年版。
② 倪星编：《行政组织理论》，高等教育出版社 2007 年版，第 3 页。
③ Gil. Friedman & Starr, Harvey, *Agency, Structure, and International Politics: From Ontology to Empirical Inquiry*, London: Routledge, 1997, p. 106.
④ 张希：《论民主政治及其制约因素》，《政治与法律》2004 年第 4 期。
⑤ Anthony Harold Birch, *The Concepts and Theories of Modern Democracy*, London: Routledge, 2002, p. 227.

收益的权衡无论多么原始，却总意味着组织内成员的选择和理性。

　　所以，农民在是否加入或在加入之后是否进行集体行动取决于自己加入组织或参加集体行动获取的收益。因为"人们总是以最小的付出获得最大的收益来进行理性的选择"①。任何一个组织都存在着对资源的动员问题，这种资源在组织内是否得到收益或得到多大收益则决定着组织行动的成效。农民是加入组织的最重要的资源，他们在集体行动中的收益与报酬、成本与代价是否与其投入的资源呈正比是其决定是否参加组织或采取组织化利益表达的重要影响变量。因此，阿尔蒙德指出：

　　　　集团的专门化组织，以及决定使用哪种利益表达的特殊渠道和方式，并不单独取决于集团的存在。大众必须弄清楚，政治行动是否能带来报酬，何种政治行动会有效，这种行动的可能性如何，采取这些行动要付出什么样的代价，等等。只有在报酬和代价相当明确的条件下，建立这样一个政治组织并且使用其进行利益表达的好处才足以鼓励大众去这样做。②

　　在农村社会转型过程中，农民利益意识逐渐觉醒，政治结社意愿逐渐提高，必然会运用一定资源将自己组织起来，但"使组织具有政治权力会受到农民有限资源的制约"③。农民是否运用这些资源投入到组织的构建中思考的是这些资源的消耗能否获得足够多的收益，即通过对组织目标与组织完成目标后自己所获得的收益进行对比以决定自己的行为。因此，注重组织目标、利益与农民目标、利益一致是转型期提高农民组织化，构建农民利益表达组织必须坚持的一项基本原则。

第四节　提高农民组织化程度的措施

　　以自愿、多元原则构建的农民利益表达组织，"不仅有利于农民利益

---

　　①　Leslie Paul Thiele, *Thinking Politics*: *Perspectives in Ancient*, *Modern*, *and Postmodern Political Theory*, Chatham: an Imprint of Seven Bridges, 1997, p. 198.

　　②　[美] 加布里埃尔·A. 阿尔蒙德、小 G. 宾厄姆·鲍威尔：《比较政治学：体系、过程和政策》，曹沛霖等译，上海译文出版社1987年版，第229页。

　　③　Howard Handelman, *Democracy and Its Limits*: *Lessons from Asia*, *Latin America*, *and the Middle East*, Notre Dame: University of Notre Dame Press, 1999, pp. 200–201.

诉求的表达与综合，而且可以大大减少不确定因素，降低社会对话成本。因为有组织地介入政治过程，比一盘散沙、一哄而起更具理性，更有利于维系乡村社会的和谐"①，因此有研究者认为，把农民组织起来是农村改革和发展第二次飞跃的关键②。采取多种措施构建农民利益表达组织，提高农民组织化程度是农村社会转型的必然发展趋势，是减少或防止农民非制度化利益表达的有效工具，也是构建社会主义新农村的必然要求，更是维护、实现与增进农民利益的根本需要。

一　加强现有农民利益表达组织建设

虽然单一个体公民有时可以通过利益表达以影响决策③，但是，"决策是各个组织博弈的场所，这些组织都要表达自己的利益要求并努力将自己的利益要求在决策中反映出来。所有的公民都有权自由地加入某个组织，政治家在做决策时不单单要考虑到那些已经组织起来的利益群体的利益，而且要考虑那些正在组织但还未组织起来的群体的利益，如果忽略了后者，则会使部分利益受到损害"④。在从传统的、封闭的农村社会向现代的、开放的工业社会变迁过程中，一些原有利益表达组织仍然活跃在转型期中国农村社会中，发挥着其应有职能。因此，对处于转型时期的中国农村社会来说，提高农民组织化程度，构建农民利益表达组织的最经济、有效的措施就是完善现有的农民利益表达组织。

（一）加强村民委员会建设

村民委员会是农民利益表达的产物，不仅对中国农村社会有较大影响，而且推动了转型期中国民主政治建设，正是基于此，国外有研究者将其视为中国民主化进程的开端⑤。从法理上来说，村民委员会是农民自我选举、自我决策、自我管理、自我监督的自治性组织，其运行遵循着

---

① 上官酒瑞：《从差序格局走向团体格局——农民组织化与乡村和谐社会建设的政治学视野》，《政治与法律》2009 年第 1 期。

② 陈俊梁：《农民组织化：农村改革和发展第二次飞跃的关键》，《农业经济》2009 年第 1 期。

③ Claude Ake, *Democracy and Development in Africa*, Washington: Brookings Institution Press, 1996, p. 130.

④ Anthony Harold Birch, *The Concepts and Theories of Modern Democracy*, London: Routledge, 2002, p. 77.

⑤ Tatu Vanhanen, *Democratization: A Comparative Analysis of 170 Countries*, New York: Taylor & Francis, 2003, p. 175.

《中华人民共和国村民委员会组织法》，从理论上讲，村民委员会是农民利益表达的最为有效的组织形式。在农村税费改革前，村民委员会行使着准行政机关职能，担负完成农村基层政府下达各项任务的职责，村民委员会代表农民进行利益表达的力量十分有限。在村民委员会的现实运作中，因未能有效地表达农民的利益要求，使其在选举、决策、管理及监督等方面都存在着较多问题，与村民委员会本身的定位存在着较大差距。随着农村税费改革，村委会的行政化倾向有望得到矫正，但是村委会毕竟掌握着村里公共财产，由于村委会干部与村民有利益的博弈性，并且长期以来村委会同乡镇政府存在千丝万缕的联系，让其完全成为农民自治组织的道路还较长①。根据转型期中国农村民主政治发展的实践来看，随着农民素质的提高，村民委员会仍然是中国农民与基层政府沟通的桥梁，代表着农民利益向基层政府进行表达。笔者认为，村民委员会并无取消的必要，也就是说并不是在制度设计上村民委员会的存在与现实有较大差距，而是村民委员会在现实运行过程中未能很好地自我定位，没有从根本上改革和完善自己的运作方式。

要继续发挥村民委员会在表达农民利益要求中的作用，一方面，必须通过宪法和法律保障村民委员会的真正地位，正确界定其与基层政府及村党委的关系。另一方面，要从根本上强化其权利，保障村民委员会组织法中规定的农民基本权利，从而使村民委员会真正成为农民的利益表达组织。为此，必须从以下几点着手：

首先，正确选定村民委员会成员。在社会转型过程中，由于农村生产力的提高，农民向城市流动加快，一些农村地区留守人员大量减少。在此情况下，一些农村地区在选举村民委员会成员时往往被一些大姓家族所掌握，甚至在一些地方被村霸所控制。这些村委会成员仅仅维护自己的或家族的利益，无视大部分农民的利益，为村民自治的发展带来十分消极的影响，使部分农民利益要求无法上达，导致非制度化利益表达行为的产生。因此，正确选定村民委员会成员是发挥村民委员会正常职能的关键，也是农民利益要求能否被表达的重要影响因素，当然，这些都离不开转型期中国农村基层政府的引导、规范与监督。

其次，理性行使选举权。一直以来，中国农民都以务实著称，他们关

---

① 于建嵘：《农民有组织抗争及其政治风险》，《战略与管理》2003 年第 3 期。

注的是现实的、物质的利益，对长期的、公共的利益追求较少。在社会转型过程中，虽然在一些经济较发达的农村地区，农民素质得到提高，能较好地行使自己的选举权，但对于大多数农村地区来说，在从传统农业向现代农业转变的过程中，大部分青壮年都外出务工，留守的农民由于知识素养较低，不能有效地、理性地行使自己的选举权。那些见过世面、知识素养较高的外出务工人员由于回乡参加选举面临着巨大的经济、时间上的成本，所以即使有行使选举权利的意识，但无选举行为的存在。在这种情况下，如何提高留守村民的选举意识，正确、理性地行使选举权利，选举出一个能代表农民利益、表达农民利益要求的集体则成为未来村民委员会发展的关键。

再次，有效筹措经费。在相当长一段时期内，村民委员会的运行经费都是从上级基层政府中获取，经费获取的多少取决于村民委员会任务完成的状况，影响了农民利益要求的表达。税费改革以后，村民委员会的正常运转经费来源产生问题，如何落实村级组织运转经费也成为 2010 年中央"一号"文件中关于统筹城乡发展、夯实农业农村发展基础的重要工作内容①。结合转型期中国农村实际，我们可以采取"三三制"原则筹措资金。村民委员会运行经费的三分之一由转型期中国农村基层政府负担，三分之一从村民委员会主管下的集体经济利润中筹集，另外三分之一由村民们分摊。这样就可以有效地避免村民委员会由于财政来源上过分依靠基层政府而使自己的功能异化，能更好地代表农民利益，表达农民心声。

最后，合理定位自己的职能。在取消农业税后，村民委员会的组织功能简化，他们是否能在简化功能后专注于代表农民利益、表达农民要求是在中国农村转型过程中遇到的一个重要问题，这就需要村民委员会重新认识、界定自己的职能。另外，基层政府及其行政人员可能会漠视农民的利益表达，这必然会对村民委员会的利益表达功能提出更高要求。所以，在后税费时代，重新定位村民委员会作为农民利益代表，表达农民利益要求的职能是一个必须正视的问题。

（二）加强农村基层党组织建设

中国共产党及其组织体系也是农民利益表达的重要组织形态。农村基

---

① 《中共中央国务院关于加大统筹城乡发展力度 进一步夯实农业农村发展基础的若干意见》，人民出版社 2010 年版，第 19 页。

层党组织代表着农民利益，表达着农民利益要求，在上级党组织的指导下，完成上级交代的任务，在党中央的安排部署下做好农民的利益表达工作。因农村基层党组织在农民利益表达组织中的重要地位，如何加强农村基层党组织建设就成为一个十分重要的问题，2010 年中央 "一号" 文件也将农村党组织定位为各基层组织的核心组织①。虽然有研究者认为转型期中国农村基层党组织存在着一些问题，这些问题主要有：农村基层党员干部的素质和能力比较落后；农村基层党员队伍的教育和管理相对滞后；农村基层党组织自身建设不够完善。② 但这只是体现出农村基层党组织自身建设情况，不能从角色定位上寻求转型期中国农村基层党组织在代表农民利益进行表达中存在的问题。随着社会主义市场经济在转型期中国农村的发育与发展，"农民生产生活的自由度增大，经济利益的实现与党组织的关联程度降低，党组织亟须创新维护和发展农民利益的新载体"③，农村基层党组织如何保持与农民利益一致，并代表农民利益，将农民利益要求上达，成为转型期中国农村基层党组织建设中的关键问题之一。另外，"农村基层党组织的重要功能是将上级党组织的意图转换为农民群众的自觉行动，而上级党组织的意图与农民的愿望有时会存在冲突和矛盾。在这种情况下，农村基层党组织往往更多倾向于贯彻上级党组织的意图，但由此也有可能失去部分村民群众的支持，致使党的群众基础在一定程度上发生弱化或动摇。实践中有些农村群众对党组织不信任"④，是因为转型期中国农村基层党组织在自我建设过程中没有正确处理好利益表达与利益聚合的关系。政党是利益表达的重要工具，转型期中国农村基层党组织只有代表农民利益，将农民的利益要求表达出来，并在表达农民利益要求的过程中进行利益的整合，才能有效地将这些利益要求信息输入政党决策中，从而使政党获得农民的支持与信任。

因此，在构建社会主义和谐社会与建设社会主义新农村的背景下，农

---

① 《中共中央国务院关于加大统筹城乡发展力度　进一步夯实农业农村发展基础的若干意见》，人民出版社 2010 年版，第 2 页。

② 李波：《新形势下农村基层党组织建设面临的问题与对策》，《厦门特区党校学报》2009 年第 1 期。

③ 本书编写组编：《农村保持共产党员先进性教育问答》，中共中央党校出版社 2005 年版，第 146 页。

④ 本书编写组编：《健全和完善村务公开和民主管理制度十讲》，新华出版社 2004 年版，第 188 页。

村基层党组织要提高自己的凝聚力、战斗力，除了要"深入开展党性党风党纪教育，加强农村基层党风廉政建设"①之外，还需要实现自身角色的转变，始终在转型期中国农村的发展中，根据转型期中国农村的现实需要，代表农民利益，将农民利益要求上达，最终才能在基层增加自己的认同度。

从理论上说，村民委员会与农村基层党组织都可以作为农民利益的代表，表达农民利益要求，角色一致性使它们应该在代表农民利益进行表达的过程中充分有效地将农民利益要求向上传递，使农民利益得到维护、实现和增进。但是，在转型期中国农村地区的政治运作中，两个存在于农民身边的利益表达组织角色却出现错位现象，不能很好地发挥其作为农民利益表达组织的作用，并造成了大量非制度化利益表达。因此，加强村民委员会建设，加强村基层党组织建设，最重要的是要处理好"两委"之间的关系。

长期以来，农村实行的村委会选举制度分化了农村基层党组织权力。作为由民主选举产生的村民自治委员会是村民的自治组织，是对全体村民负责的，村主任是民选的，对村民负责，受村民监督。而村支书则是由党员选举产生，必要时由镇党委直接任命，在某些地方，甚至出现村主任一呼百应、书记说话不灵的现象。由于我国特殊的政治构架决定了党在各项事业中居于领导地位，因此，这不可能不波及村民委员会，于是在自治与领导之间便发生了冲突。

"两委"冲突不在于两个基层组织在性质、产生途径方面的不同，而是未能正确认识和定位好自己的角色，或者说没有在转型期中国农村政治运行中找到两者相同的角色功能。在法理上和理论上，村民委员会是村民自我管理、自我服务、自我监督的自治型组织，是村民民主自治的主体，基本的功能应该代表村民利益，在综合村民利益要求的基础上，向上进行表达，以维护和实现村民的利益。对于农村基层党组织而言，其主要的功能或任务也是代表村民的利益要求，进行利益综合，然后再向上级党组织进行利益表达，以反映农民的利益要求，从而使执政党政策更多地关注占人口绝大多数的农民的利益，并最终使政策得到农民的支持而推动转型期

---

① 《中共中央国务院关于加大统筹城乡发展力度　进一步夯实农业农村发展基础的若干意见》，人民出版社 2010 年版，第 22 页。

中国农村政治、经济与社会的发展。所以，"两委"在功能上具有高度的一致性，即都作为农民利益表达的组织，代表农民利益要求向上表达。

因"两委"在功能与角色定位上出现矛盾，或基层党组织越位，或村民委员会越位，但最终的结果都影响了农民利益要求的表达。基层党组织的越位使村民委员会失去自己的独立性和自主性，村民委员会难以发挥出农民利益表达的功能。正如有研究者所言，"如果不在村民自治构架内进一步扩大基层参与的渠道，那么，村民自治就只能停留在精英的层面，难以下沉，精英的治理也有可能脱变为新的乡绅治乡"[①]。村民委员会的越位则会使转型期中国农村的发展失去原则、目标和方向，也不利于党对全局工作的指导，最终也会使农民利益表达陷入困境。所以提高农民组织化程度必须正确处理好转型期中国农村"两委"之间的关系，使村民委员会、基层党组织发挥合力，有效地规避农民非制度化利益表达。

（三）大力发展各类经济组织

新中国成立后的土地改革运动、农业社会主义改造、公社化运动等为提高中国农民组织化程度构建了一个良好的环境，并在此环境中形成了农会、互助组、人民公社等农民利益表达组织，提高了农民组织化程度。虽然家庭耕作方式的重现，使农民利益表达组织出现了较大的变迁，为构建农民利益表达组织，提高农民组织化程度带来不利影响，但是新中国成立后提高组织化程度所遗留的思想、习惯等仍然影响着转型时期的中国农民。

随着社会主义市场经济在农村的推进，在土地改革运动、农业社会主义改造、公社化运动时期所形成的思想、习惯的影响下，在农村社会转型过程中，各地农民根据转型时期中国农村的实际，并结合自己的需要，成立了很多组织，特别是合作化组织，这些组织成为农民利益的最好保护者[②]。因此，为了进一步提高农民组织化程度，提高农民利益表达能力，增强利益表达效能，必须大力发展这些经济类组织，尤其是合作组织，使其敢于表达农民利益要求，善于表达农民利益要求。

---

① 吴毅：《村治中的政治人》，《战略与管理》1998年第1期。
② 孙自铎、汪建国：《农民收入增长的制度性约束与创新研究》，中国财政经济出版社2002年版，第122页。

1. 大力发展农业产业化组织

农业产业化组织是以市场为导向，以经济利益为联结纽带，由若干个生产经营或服务主体构成的一种分工协作系统。随着农业生产专业化、社会化、市场化的不断发展及农业生产劳动分工的进一步深化，农业产业化组织在许多地方出现并得到较大程度的发展，其类型主要有企业＋农户、合作组织＋农户、专业市场＋农户、主导产业＋农户等形式。① 农业产业化组织可以作为入会农民的利益表达者，代表农民利益，就有关农业生产、农产品价格等向各级政府进行表达，传递农民利益表达要求，维护、实现和增进入会农民的经济利益。

2. 大力发展农民专业合作经济组织

农民专业合作经济组织是由从事同类产品生产经营的农户自愿组织起来，在技术、资金、信息、购销、加工、贮运等环节实行自我管理、自我服务、自我发展，以提高竞争能力、增加成员收入为目的的专业性合作组织。它的发展是建立在家庭承包经营基础上，不改变现有的生产关系，不触及农民的财产关系，适应了农村的改革与发展，也是农村组织制度的一种创新。在我国，农民专业合作经济组织的名称是多样化的，有的叫农民专业协会，有的叫专业合作社，还有的叫农村专业技术协会、合作协会，等等。② 专业合作经济组织也是表达农民利益要求的重要组织形态，是中国农民组织起来的重要渠道，也是维护和实现农民利益的重要力量。同时各地进行的合作社的实践也证明农民专业合作经济组织在代表农民利益进行表达方面起到十分重要的作用。2010 年中央"一号"文件也将大力发展农民专业合作社作为统筹城乡发展，夯实农业农村发展基础的重要工作之一。③

除了上述改革和完善村民委员会，加强农村基层党组织建设，构建各种农民经济组织外，还需要"积极发展农业农村各种社会化服务组织"④，"培育发展社区服务性、公益性、互助性社会组织"⑤，如各种文化组织、维权性组织等，以构建一个多元化的组织体系，使具有差异性需求的农民

---

① 李达球：《论农业企业化》，经济日报出版社 2003 年版，第 62—63 页。
② 李瑞芬：《城郊农村如何办好农民专业合作经济组织》，金盾出版社 2006 年版，第 1 页。
③ 《中共中央国务院关于加大统筹城乡发展力度　进一步夯实农业农村发展基础的若干意见》，人民出版社 2010 年版，第 18 页。
④ 同上。
⑤ 同上书，第 23 页。

可以便捷地利用合适的组织形式来表达自己的利益要求，有效地减少或防止非制度化利益表达。

二　利用村落其他组织资源

除了完善现有的农民利益表达组织外，在转型期的中国农村，还存在着大量的资源可以作为提高农民组织化程度的内生性资源。通过这些资源的运用与整合，并以此为基础形成新的农民利益表达组织，对规范农民利益表达行为，减少或防止非制度化利益表达具有重要价值。

（一）注重乡村精英的培养

乡村精英的形成在不同的时代具有不同的特点，而这种变化又与当时的社会背景有着深刻的联系。随着社会主义民主政治在转型期中国农村的发展，原有意义上的乡村精英治理模式已得到较大改观，转型期中国农村的乡村精英已由原来传统社会中的基层治理力量转变为联系农民与基层政府的桥梁与纽带，并部分代表农民利益，表达农民利益诉求。

乡村精英的形成除了特定历史造就外，还与其本身素养有关。从总体上来说乡村精英的形成一般有两种路径：一种是土著精英。即内生的精英，这类乡村精英虽然终生长在农村，生活在自己活动的区域中，但其智慧、学识、见识、经验、资源等为广大农村居民所认可，其行为、思想对其他农民有较大的影响，并在一定区域内形成自己的权威，从而成为乡村精英。另一种是外塑的精英。即精英地位不是在本土形成的，而是与外在环境的培养分不开的。在传统社会中，统治阶级的宣传塑造，以及转型期的返乡外出务工人员等都属于外塑精英。转型期当代中国农村返乡的外出务工人员，特别是2008年金融危机后因城市用工市场萎缩而大量返乡的外出务工人员是构建农民利益表达组织，提高农民组织化程度的重要资源。因这些外出务工人员接受着社会主义民主政治的熏陶，并在市场经济中经受过博弈，形成了极强的适应能力、应变能力，具有较广的视野，因此，在转型期中国农村日常生活中不断地展现着自己的才智与学识，从而获得了农民的认可，成为乡村精英。

无论是哪条路径所形成的精英，其"根在农村社区，他们具有特定的乡土文化意识，注定了他们对农村社区担负更多的责任"①。更重要的

---

① 李军：《乡村精英：农村社会资本内生性增长点》，《调研世界》2007年第3期。

是，绝大多数农村精英都具有梅塞尔用"3C"来阐述的精英的核心要素，即意识（consciousness），精英成员自觉地意识到精英的存在及其自身在其中的成员资格；凝聚力（coherence），即个体成员的行动必须与群体利益的诉求相一致；共谋（conspiracy），即成员间必须要有信息交换，共同的策略必须不断演进，以增进群体利益①。转型期中国农村精英的意识、凝聚力、共谋使他们逐渐形成意见领袖，并在其周围形成一定的成员，从而为原生态农民利益表达组织的构建提供了一定的组织资源，即提供构建一个组织的基本要素：目标、人员及人际关系。农村精英或由其形成的组织代表着农民的利益，向基层政府及其行政人员进行利益表达，维护并实现着农民的利益，反过来，因农民利益得到实现与维护又进一步加强了农村精英的地位。因此，构建原生态的农民利益表达组织必须注重农村精英的培养，而且这种原生态的农民利益表达组织更能得到农民的支持与认同，在表达农民利益方面更具有较大主动性与积极性。

（二）合理利用宗族

宗族作为中国农村延续下来的一种特殊社会现象，对于转型期中国农村的政治、经济、文化以及社会发展仍然产生重要影响。因此，笔者提出，构建多元化的农民利益表达组织，提高农民组织化程度，可以充分利用宗族在转型期中国农村的积极作用。"宗族的存在，在一定时期和一定范围内丰富或弥补了国家制定法控制机制的不足，成为一种有效的补救手段和协同方式，宗族的合理运用是国家制定法的'延伸'部分和重要的支持系统，是社会支援和规范控制的一个重要源泉，是农村社区中基本聚合力量和维持社会秩序在常态下运转的重要保证。"② 因此，在当代中国农村，宗族具有一定经济协作、政治整合、精神调适等功能③，而"宗族组织的存在，其核心便是维护宗族利益，保证宗族的发展稳定性，增强宗族的凝聚力，对共同祖先的认同感，是宗族团结，稳定的精神基础"④，因而获得了转型期中国农村部分农民的认同与支持。

---

① 蔡禾编：《社区概论》，高等教育出版社 2005 年版，第 60 页。
② 田成有：《中国农村宗族问题与现代法在农村的命运》，《法律科学》1999 年第 2 期。
③ 肖勇、陶万辉：《利用和改造农村宗族组织的对策研究》，《哈尔滨市委党校学报》2005 年第 1 期。
④ 林修果：《宗族文化与中国现代化——宗族秩序存在的合理性分析》，《新东方》2005 年第 8 期。

可见，宗族具备了组织所需要的一定要素：人员、目标及人际关系，构成了一个组织成为组织的基础。"宗族作为农民可资利用的一种宝贵的传统组织资源，便成了农民们在当前社会政治格局下实现有形无形的、天然廉价的自我组织形式。"① 所以，在农村社会转型加速时期，提高农民组织化程度可以尝试化解宗族的消极影响，引导和规范宗族行为，扩大其积极影响，充分发挥宗族作为农民利益表达组织的天然内核。从原生态意义上来说，宗族只是作为家族利益的代表者，代表宗族内成员，以其特有的资源进行利益表达。如果其行为得到合理的引导、规范，可以将其作为一个利益表达组织而存在，即把空间限定于宗族内的组织进行扩大，让其他农民也加入这个组织，通过内化的方式，提高宗族意见领袖的民主政治文化素质，并从外部规范其利益表达行为，最终会使宗族得到健康的发展，并积极地充当农民利益表达的组织，代表农民利益进行表达。当然任何一个行为模式的改造都不是一蹴而就的，是一个长期的过程。因此，对宗族组织的改造要坚持长远原则，从内外两条渠道入手，对内提高宗族内成员的民主政治文化素养，增强其法律意识，对外要制定一定的法律、制度、规章等以引导、规范其利益表达行为，使宗族得到健康发展。

三　加强政府的引导与规范

任何一个组织的利益表达都在一定环境中运行，都深受内、外环境的影响，"如果一切需求都统统表达出来，也就是说所有需要都变成需求提出来，这个体系没有多久即将被淹没"②。农民在构建自己利益表达组织过程中，都有自己的既定目标，提高组织化程度的行动决策都是根据追寻的既定目标来加以思考。选择何种方式，通过何种渠道来构建，都可能影响整个社会的稳定与和谐，就需要政府引导与规范。引导与规范的目的就是将农民利益表达组织的构建及其活动引入到政治系统可控制的轨道上来。

（一）农民利益表达组织构建的引导

"依靠农业人口个体独立地形成自己经济或政治组织来参与政治是十

---

① 温锐、蒋国河：《20世纪90年代以来当代中国农村宗族问题研究管窥》，《福建师范大学学报》（哲学社会科学版）2004年第4期。

② ［法］莫里斯·迪韦尔热：《政治社会学——政治学要素》，王祖东等译，华夏出版社1987年版，第191页。

分困难的"①，在提高自己组织化过程中，因内外环境的影响，转型期中国农民可能在组织构建过程中偏离了社会主义民主政治发展的正常轨道。所以，必须发挥政府的引导作用，通过政策、利益、价值三方面的引导，使农民知道如何、怎样构建利益表达组织，了解、认识到利益表达组织的基本功能及其价值。

1. 农民利益表达组织构建的政策引导

所谓政策引导就是政府通过制定政策，对农民利益表达组织构建进行调整，使每一个组织能调整、控制自己的需要，促进集体利益与国家利益，眼前利益与长远利益相一致。

政府通过制定政策对农民构建利益表达组织的引导主要体现在以下几个方面：一是政府通过政策明确组织化的利益表达对于政策的价值。利益表达是政策的重要来源，只有合理有序的利益表达，才能促进善策的产生与发展，"在我们工作中起决定性作用的因素是我们经常去了解哪些政策为群众所接受，哪些政策受到群众的批评或拒绝。只有那些受群众欢迎的政策才能成为我们党继续实行的政策"②。虽然利益表达可能对政策起作用，也可能对政策不起作用，但它都是政策形成的基础和前提，体现了利益表达对于政策的意义，离开了利益表达，政策可能就实现不了既定目标。政策的引导就是要让农民明确其组织在利益表达中的价值。二是政府通过政策供给引导农民利益表达组织的构建。政府可以依据一定发展目标，根据转型期农村社会发展的需要通过政策将一些资源优先配置于一些利益表达组织的构建中，使农民获取或不能有效获取组织构建的一些基本资源，从而影响着农民组织化的进程。三是政府通过政策可以规避农民利益表达组织的非制度化利益表达。政府通过政策明确哪些是制度化的利益表达方式，哪些是非制度化的利益表达方式，从而使农民组织在法律允许或程序规定的范围内表达利益要求，有助于社会的稳定与和谐。

2. 农民利益表达组织构建的利益引导

农民构建利益表达组织，提高自己组织化程度也与利益相关，正如功利主义者认为的那样，"人们并不是本能地要参与政治，也不是生下来就

---

① Tatu Vanhanen, *Democratization: A Comparative Analysis of 170 Countries*, New York: Taylor & Francis, 2003, pp. 81 – 82.

② 《毛泽东文集》第 3 卷，人民出版社 1996 年版，第 188 页。

具有参与政治的权利，而仅仅是由于参与政治能给人们带来一定的利益，或是使人们能够避免一种更大的祸害"。① 因此，追求利益是转型期中国农民提高组织化程度的根本动因，政府就可以充分利用利益来引导农民组织的构建，减少或防止农民非制度化利益表达。

利益引导的重要作用主要体现在以下几个方面：一是让农民利益表达组织明确什么是合理的利益表达要求，使农民利益表达组织知道索取不合理的、不正当的利益表达行为必将对利益表达系统或政治系统的良性运作产生十分消极的影响。二是引导农民利益表达组织选择合法的方式。公共选择理论认为，个人根据他们自己的利益采取行动，个人的有目的性是一切社会行为的充分的起因。② 利益引导的重要作用就是要引导农民利益表达组织，为了实现成员的特定利益，在利益表达行为中就必须使用一种合理的、合法的方式，这样在不妨碍他人或集体获取利益或政治稳定的同时也使自己的利益获得实现。三是利益引导有利于帮助农民利益表达组织正确处理集体利益和国家利益、局部利益和整体利益、眼前利益与长远利益的关系。政府通过利益的引导作用，充分挖掘出农民利益表达组织的利益要求，根据转型期中国农村社会发展的情况，引导农民利益表达组织正确处理利益的层次性问题，既能实现农民利益表达组织的既定目标，又能使利益表达系统良性运转。

（二）农民利益表达组织构建的规范

政府通过对农民利益表达组织构建的引导，使农民知道为何要提高组织化程度，从而增加自己利益表达效能。但是，农民利益表达组织的构建还必须在一定范围内进行，遵循一定制度或法律规范。"政治的目标就是要创造一个基本的规范，在这一规范下，每个人都可以满足他们的愿望和自由从事自己的私人事务"③，即农民必须在政治体制允许的范围内提高自己组织化程度，维护、实现或增进自己利益。提高农民组织化行为的规范主要包括制度规范与法律规范等显性规范，当然其他如道德、社会舆论、风俗习惯等隐性规范也对农民利益表达组织构建起到一定规范作用。

---

① 陶东明、陈明明：《当代中国政治参与》，浙江人民出版社1998年版，第114—115页。

② 杨光斌编：《政治学导论》，中国人民大学出版社2004年版，第130页。

③ Cass R. Sunstein, *Free Markets and Social Justice*, Oxford：Oxford University Press, 1999, p. 13.

1. 农民利益表达组织构建的制度规范

制度规范主要体现在以下几个方面：一是制度能确定农民利益表达组织构建的界限。制度通过一系列规则告诉农民在提高自己组织化程度的进程中能和可以做什么，该怎样做，从而划定了农民利益表达组织构建的边界。二是制度能为农民利益表达组织的构建形成一定秩序。"大多数人在安排各自的生活时都遵循着某些习惯，并按一定的方式组织他们的活动和空闲时间。"① 所以，"首要问题不是自由，而是建立合法的公共秩序。很显然，人类可以无自由而有秩序，但不能无秩序而有自由"②。在适度的秩序范围内，农民可以凭借自己的偏好，在不妨碍别人的情况下选择或构建自己的利益表达组织。三是制度对农民利益表达组织的构建提供一定的保障作用。农民构建自己利益表达组织都要从社会中获取一定资源，并将这些资源运用到构建的过程中。由于资源的稀缺性，农民从社会中获取所需要资源时，必然会对其他个体、群体或阶层的活动产生影响，其他个体、群体或阶层的活动也会对农民构建利益表达组织产生影响，因此就需要制度来保障农民利益表达组织的构建。

2. 农民利益表达组织构建的法律规范

法律对农民提高组织化程度的规范作用主要体现在以下几个方面：一是法律的指引作用规范着农民利益表达组织的构建。"法律的指引作用，即法律为人们的行为提供一个导向，告诉并指引人们什么可以做、什么应该做、什么禁止做，从而对人们的行为决策产生影响，引导人们在法律所允许的范围内从事社会活动的作用。"③ 法律对农民利益表达组织的构建起到导向、引路的作用，使农民在构建利益表达组织的行为前、行为中与行为后知道、了解自己的组织是否符合法律的规定，是否在法律允许的范围内活动。二是法律的评价作用规范着农民利益表达组织的构建。评价作用是指法律作为人们行为规则，具有判断和衡量人们行为合法或不合法的作用，如果农民在法律允许的范围内构建自己利益表达组织，提高自己组织化程度，并使自己的利益得到满足，则其他群体或阶层会认为农民这种

① ［美］博登海默：《法理学：法律哲学和法律方法》，邓正来译，中国政法大学出版社1999年版，第223页。

② ［美］塞缪尔·亨廷顿：《变革社会中的政治秩序》，李盛平等译，华夏出版社1989年版，第8页。

③ 苏晓宏：《法理学基本问题》，法律出版社2006年版，第26页。

行为是合法的。如果农民在构建自己利益表达组织中违反了法律规定，即突破了法律的界限进行利益表达，即使自己利益得到满足，其组织也不会被其他群体或阶层认可。三是法律的预测作用规范着农民利益表达组织的构建。"法的预测作用是指当事人可以根据法律预先估计到他们相互将如何行为以及某种行为在法律上的后果。"[①] 农民根据法律可以预先知道自己构建利益表达组织，提高组织化程度过程中各种行为的后果，从而对自己的行为做出一定的安排。

---

① 胡朝新、张龙、张鸣芳：《宪法、法理学、中国法制史》，北京大学出版社 2006 年版，第 195 页。

第五章　提高农民利益表达素养

　　农民利益表达是一种有条件的行动。"所谓有条件的行动，是指依赖于'实存'之中的有限事物的行动，日常生活中的行动几乎都是有条件行动。"① 在农民利益表达行为中，一般来说，这种有条件的行动主要表现为以下三种：一种是本能的行动，即农民在没有自我反思意识且同时出自自身的欲望、冲动等非理性本能的行动，也就是农民本能地感觉到自己需要进行意见、建议与利益要求的表达。这种行动具有非理性、情绪化与盲目性，而这种本能的行动不仅体现于单个农民的利益表达行动中，也体现于群体农民的利益表达活动中。二是有目的的行动，即农民进行利益表达事先具有理性计划，对行为的目标和后果有一定把握的行动。这种有目的的行动体现出农民进行利益表达都会以一定目的为出发点，以达到所期望的目的为终点。三是一种生命行动，即在农民日常利益表达中既具有目的的本能成分又包含一定程度的目的性和计划性的混杂性行动。这种生命行动体现出农民为了自身或家庭的生存或利益而进行利益表达的行动。因此，从一般意义上来说，利益表达是农民日常生活行动中的一种，体现出作为利益表达主体农民实践者的特征。作为利益表达系统中的一种重要因子——农民是利益表达活动的推动者、实践者，担负着提出实践目的、使用实践手段的任务，并因而使这种日常行动具有主动性、能动性。这种主动性与能动性不仅表现在农民对于利益表达手段与方式选择的随己性，也表现出其选择利益表达渠道的自我性。因此，拓展利益表达渠道，提高农民组织化程度是作为减少或防止农民非制度化利益表达的外在环境而存

---

① 方朝晖：《重建价值主体：卡尔·雅斯贝斯对近现代西方自由观的扬弃》，中央广播电视大学出版社 1993 年版，第 181 页。

在，而如何提高利益表达活动的主体——农民的利益表达素养则是有效消解非制度化利益表达的内在因素，也是减少或防止非制度化利益表达的重要一环。

第一节 坚固农民利益表达素养提升的物质与制度基础

作为利益表达的政治行动不仅取决于个人的主观裁量，也受制于特定时期的经济发展情况，毫无疑问，一个终日为自己生计奔波的人是不会关注政治的。因此，经济发展是社会个体参与政治行动的重要支配性基础，正如王沪宁先生所说："经济发展使社会上的每一个人，每一个集团，每一个阶层都有了自己的经济利益，由于有了自己的经济利益，他们就会要求参与政治生活，要求了解政治体系的活动过程，尤其关心政治体系的决策，关心政治体系将会给他们带来怎样的后果。"[①]

农业生产的比较效益较低决定了农民不太可能投入自己应有资本，或单凭自己力量促进农村经济的发展，同时，在由传统经济向现代经济转型过程中，特别是在发展中国家，政府在构建整个经济体制、推动社会发展中的作用是十分明显的。对于处于社会转型期的当代中国农村，政府依然而且必须主导农民经济发展，通过对农村经济发展、制度供给、文化发展与社会发展主导作用的发挥，使农民获取了良好的内外环境，并通过这种主导作用的发挥，影响和改变着农民利益表达的内外环境，影响和决定着农民表达的整体态势及发展方向，直接或间接地决定着农民利益表达素养的提升。

一 坚固农民利益表达素养提升的经济基础

经济发展是政府获得公民认同的前提与基础，也是提升公民利益表达素养的重要环节。在促进经济发展过程中，在提升公民利益表达素养条件下，政府才产生真正的合法性。但在经济发展中，发展中国家与发达国家面临的机遇与挑战是不同的，政府在经济发展中作用的范围与程度存在较大差异，总体而言，"任何发展中国家，政府对经济的作用远远大于发达

---

① 王沪宁：《比较政治分析》，上海人民出版社 1987 年版，第 237 页。

国家，不管是对还是错"①。因为在经济发展中，"发展中国家的情况对政府提出的要求要高于发达国家，发展中国家政府作用的好坏和强弱，对于经济发展的作用更为明显"②。对于发展中的当代中国而言，政府主导经济发展的作用，尤其是主导农村经济发展，提升农民利益表达素养的作用更为突出和必要。可以说，农村的经济发展，农民利益表达素养的提升如果离开了政府主导，其发展与提升的速度、方向就会受到很大影响。我们认为经济的贫困影响着农民利益表达意识的觉醒，利益表达效能的提高，因此，如何通过促进农民经济发展以影响和改变农民利益表达环境，并影响农民利益表达整体态势及发展方向就成为政府必须主导农村经济发展的现实动力。

（一）增加农业农村的财政投入

在城乡二元结构下，基于政府政策的偏好以及对城市溢出效应的追求，"中央和省级政府的财政支出长期以来向城市倾斜，导致对农村和农业的财政支出严重不足"③。投入不足的结果产生了两个方面的消极影响：一是加剧了二元结构的反差。由于对农业农村财政投入不足，使得许多农村与农业建设的投资只能依赖于乡镇政府，而在财税改革后，乡镇政府的收入基本上全靠上级的转移支付，在这种情况下就加剧了乡镇政府的财政压力，使得基层政府对农业农村投入减少，投入减少又进一步使城乡二元反差不断加剧。二是影响着农村公共产品的提供。因财政压力的增加，基层政府无法根据农民的真实需求提供公共产品，在这种情况下，"农村公共产品供给长期依赖于社区农民自己筹资而游离于政府财政之外"④。缺失政府主导的公共产品提供出现了规模较少、质量较低的状况，不能适应农村社会发展的实际要求，也不能适应农民现实需求。无论是城乡二元结构还是农村公共产品，都是农民进行利益表达的外部环境。城乡二元结构的改善，加大农村公共产品的供给，必然会改善农民利益表达环境，提升农民利益表达素养，提高农民利益表达效能。

---

① 林毅夫：《发展战略与经济收敛》，载吴敬琏等《新一届政府面对的经济问题：专家的思考与建议》，中国宇航出版社 2003 年版，第 61 页。

② 陈漓高编：《经济全球化与中国的对外开放》，经济科学出版社 2001 年版，第 283 页。

③ 陈宗胜、钟茂初、周云波：《中国二元经济结构与农村经济增长和发展》，经济科学出版社 2008 年版，第 98 页。

④ 綦好东：《制度与发展——中国三农问题的经济学思考》，经济科学出版社 2006 年版，第 206—207 页。

鉴于政府在农业农村投入不足产生城乡二元反差不断加剧及农村公共产品提供的困境，直接影响农民利益表达素养的提升以及利益表达发展态势，所以《中共中央国务院关于 2009 年促进农业稳定发展农民持续增收的若干意见》明确提出了扩大农业农村投入的具体措施：一是大幅度增加国家对农村基础设施建设和社会事业发展的投入，提高预算内固定资产投资用于农业农村的比重，新增国债使用向"三农"倾斜；二是大幅度提高政府出让收益、耕地占用税新增收入用于农业的比例；三是大幅度增加对中西部地区农村公益性建设项目的投入；四是成立政策性农业投资公司和农业产业发展基金。[①] 2013 年中央"一号"文件也提出了农业保护的三大措施：加大农业补贴力度；改善农村金融服务；鼓励社会资本投向新农村建设。[②] 但是无论通过什么措施来增加对农业农村的财政投入，政府必须发挥主导作用，只有政府才能矫正市场在农业农村财政投入方面的不足，通过对农业农村财政的投入，才能促进农村经济的发展，才能改善农民利益表达环境，提升农民利益表达素养，进而影响和改变着农民利益表达的整体态势与发展方向。

（二）增加农业补贴

对农业进行补贴几近成为世界各国通行的惯例。"由于各个国家在自然禀赋条件、经济发展阶段、国内市场规模、文化历史传统以及社会制度等方面差别很大，对农业实施补贴的动机或者说补贴政策的目标也不尽相同，所采取的补贴手段也各式各样，补贴的类型也有多种。"[③] 由于农业比较收益较低，农民的收入具有一定的不确定性，因此，为了稳固农业基础地位，促进农业发展，稳定农产品价格，政府必须对农业进行补贴，借以巩固农民利益表达的经济基础，提升农民利益表达素养。

新中国成立后，为了建立具有中国特色的社会主义工业化体系，在缺少资金的情况下，我们采取了一种剪刀差的方式来获得社会主义工业化建设必需的资金，即通过工农业和城乡之间不平等的交换，从农村中拿走农

---

① 《中共中央国务院关于 2009 年促进农业稳定发展农民持续增收的若干意见》，人民出版社 2009 年版，第 3—4 页。

② 《中共中央国务院关于加快发展现代农业　进一步增强农村发展活力的若干意见》，人民出版社 2013 年版，第 7—10 页。

③ 高峰、羊文辉：《开放经济条件下的农业补贴政策》，中国财政经济出版社 2003 年版，第 22 页。

民生产生活的剩余，并通过二元结构使这种不平等交换固定化，这一经济结构是在没有市场参与的情况下运作的，它使农业为工业化提供了超过 1 万亿元的资金，[①] 不仅影响着农业、农村的发展，也阻滞了农民利益表达素养的提升。

随着社会主义工业化的逐步完成，现在已经到了工业反哺农业、城市支持农村、城乡经济社会发展一体化的时候了。因此，中央采取以下几项措施：一是增加对种粮农民直接补贴；二是增加农机具购置补贴；三是对农资补贴。[②] 2013 年中央"一号"文件提出要按照增加总量、优化存量、用好增量、加强监管的要求，不断地强化农业补贴政策，完善主产区利益补偿、耕地保护补偿、生态补偿办法。[③] 对农业的补贴是政府主导农村经济发展的现实体现，通过对农业的补贴，促进农村的经济发展，从而直接或间接地影响着农民利益表达的外部环境，使农民利益表达素养的提升具有坚实的物质基础。

（三）合理定位农产品价格

保持农产品价格稳定与合理是政府主导农村经济发展，进而提升农民利益表达素养的又一现实体现。农产品价格也是其价值的表现形式，体现着农民的劳动投入获取收益的大小。"农产品价格合理与否，关系到农民的投入能否得到良好的回报，农民创造的价值能否得到实现，农民发展农业的积极性能否得到充分调动等一系列重大问题。"[④] 在当代中国，农产品价格合理与否，不仅关系到中国粮食安全，"也直接关系到国家的资金积累和工农联盟的巩固，所以它不仅是一个重要的经济问题，也是一个重要的政治问题"[⑤]。历史地看，什么时候农产品价格合理，特别是粮食价格合理，粮食生产发展就快，农业发展也就快，反之，农产品价格不合理，则粮食生产就下滑，农业生产就受到重大影响。

从总体上说，当代中国农村农产品的价格还普遍偏低，一方面是因为

①　李成贵：《中国农业政策——理论框架与应用分析》，社会科学文献出版社 1997 年版，第 212 页。
②　《中共中央国务院关于 2009 年促进农业稳定发展农民持续增收的若干意见》，人民出版社 2009 年版，第 4 页。
③　《中共中央国务院关于加快发展现代农业　进一步增强农村发展活力的若干意见》，人民出版社 2013 年版，第 8 页。
④　陈池波：《中国农村市场经济发展论》，中国财政经济出版社 2003 年版，第 18—19 页。
⑤　沈阳农学院编：《社会主义农业经济学》，中国人民大学出版社 1980 年版，第 186 页。

科学技术对农业的贡献较低，农产品的附加价值较低，影响了农产品的整体价格。另一方面也因农产品价格的变动会引起其他行业价格的重大波动，不利于社会主义现代化建设，因此，国家从整体上主宰着农产品的整体价格。由于农产品价格较低，农民失去了对农业进行二次投入的积极性，给国家安全带来潜在的影响。但是农产品价格也不能完全实行市场自由化的方式，即由市场来自动配置资源，决定农产品价格，还必须充分发挥政府的主导作用，从整体上影响和提高农产品价格。因此，《中共中央国务院关于 2009 年促进农业稳定发展农民持续增收的若干意见》就提出，"密切跟踪国内外农产品市场变化，适时加强政府调控，灵活运用多种手段，努力避免农产品价格下行，防止谷贱伤农，保障农业经营收入稳定增长"[1]。2013 年中央"一号"文件也提出了要充分发挥价格对农民增收的激励作用。[2] 通过政府对农产品价格的宏观调控，提高农民收入，促进农业生产发展，为农民利益表达提供了一定的物质成本，影响和改变着农民利益表达的内外环境，提升农民利益表达素养，并直接或间接地影响着农民利益表达的整体态势与发展方向。

（四）增强农村金融服务能力

虽然在改革开放后，特别是在后税费改革时代，党和国家对农村金融服务提出了更高的要求，构建了更多的农村金融服务机构，但总体上看，"我国农村金融存在严重的金融抑制现象，主要是农村金融服务机构设置不足、资金存放供给不足，不能满足农村经济发展和农业结构调整对金融服务的需求。尽管在农村金融市场上已经形成了农村信用社、农业银行、农业发展银行'三足鼎立'的局面，以及还存在多种形式的非正规金融组织和活动，但它们之间并没有形成有效的机制和有效的服务组织"[3]。农村金融服务能力的弱化，影响着农村的经济发展，也影响着社会主义新农村的建设，更直接或间接地阻滞农民利益表达素养的提升，因此，《中共中央国务院关于 2009 年促进农业稳定发展农民持续增收的若干意见》对当前党和政府在加强农村金融服务能力方面提出了具体的措施：一是增

---

① 《中共中央国务院关于 2009 年促进农业稳定发展农民持续增收的若干意见》，人民出版社 2009 年版，第 4 页。

② 《中共中央国务院关于加快发展现代农业　进一步增强农村发展活力的若干意见》，人民出版社 2013 年版，第 6 页。

③ 陈柏槐编：《社会主义新农村建设导论》，湖北人民出版社 2007 年版，第 163 页。

加对农贷款；二是建立多种形式的农村金融组织和地区性的中小银行；三是扩大农村消费信贷市场；四是实行权利质押贷款；五是加快发展政策性农业保险，构建银保互动机制。① 2013年中央"一号"文件也提出要"加强国家对农村金融改革发展的扶持和引导，切实加大商业性金融支农力度，充分发挥政策性金融和合作性金融作用，确保持续加大涉农信贷投放"②。政府通过对金融服务机构构建的引导与主导，提高其为农村服务的能力，从而促进农村经济发展，并影响和改变农民利益表达内外环境，提升农民利益表达素养。

二　政府主导农村制度供给

一般来说，政府和社会往往是制度供给的主体，特别是在超大型的转型中国，尤其是在当代中国农村，因市民社会发育缓慢，社会不能充当制度有效供给的主体，而政府却在农村中掌握着大量的资源，能在较短时间内满足农民利益表达的制度需求。同时从理论上讲，政府作为农村公共产品的提供者，能以社会利益的代表者的身份，充分运用公共权力等迅速推进某种制度。因此，政府在当代中国农村成为制度的主要供给者是中国农村社会主义民主政治发展的突出特点。结合中央相关文件，我们认为要站在时代的高度，统筹农村发展实际，增强政府在农村制度供给的能力，夯实农民利益表达的制度基础，直接或间接提升农民的利益表达素养。

（一）供给农村基本经营制度

"以家庭承包经营为基础、统分结合的双层经营体制，是适应社会主义市场经济体制、符合农业生产特点的农村基本经营制度，是党的农村政策的基石，必须毫不动摇地坚持。"③ 这是党和政府对农村基本经营制度的基本规定，也是党和政府根据社会主义中国性质及中国农村长期以来形成的习惯所供给的一种基本经营制度。在这种制度下，以合作组织集体所有、集体经营为一层，以农户的家庭所有和家庭经营为基础的一层，双层

① 《中共中央国务院关于2009年促进农业稳定发展农民持续增收的若干意见》，人民出版社2009年版，第5—6页。
② 《中共中央国务院关于加快发展现代农业　进一步增强农村发展活力的若干意见》，人民出版社2013年版，第8—9页。
③ 《中国共产党第十七届中央委员会第三次会议文件汇编》，人民出版社2008年版，第11页。

各自独立经营，体现了社会主义国家集体与个人利益之间的关系与联结。土地和基础设施归集体所有，农民自置的生产资料归私人所有，实现了土地所有权与土地经营权的分离，促进了农业生产力的发展和农民生产的积极性。双层经营之间通过农户向集体承包土地及其他生产资料，集体向家庭提供统一服务联结起来，体现了社会主义中国的基本政治制度。

从总体上看，农村基本经营制度体现了社会主义初级阶段的以公有制为主体、多种所有制经济共同发展的所有制结构，以按劳分配为主与按生产要素分配相结合的分配制度。而以公有制为主体，以按劳分配为主体体现着社会主义中国的本质属性，是不能动摇的基本特征。政府通过对农村基本经营制度的供给，保障农村的社会主义性质，进而通过农村基本经营制度的供给，使农民利益表达的外部环境具有鲜明的社会主义属性，在国家和社会主义制度允许的范围内进行表达，同时又解放了农村的生产力，巩固了农民利益表达的经济基础。

（二）供给农村土地管理制度

中国农民的所有问题都可以从土地问题上得到体现与解决，中国革命、建设与改革的过程中始终有一条农民土地问题的线连接着。历史地看，什么时期，政府如能正确处理和解决好农民土地问题，农村就会稳定，农业就会有较大发展，农民生活水平就会得到提高。因此，从这个意义上来说，"土地制度是农村的基础制度"① "能否管理好土地，不仅关系到农业生产和农村经济的发展，关系到改善和提高人民生活的基本需要，还关系到社会主义市场体系的建立和完善，关系到整个社会的稳定"②。

农村土地管理制度——从一般意义上来说——是关于农村土地所有权的归属和使用的规则。土地的所有权的归属与使用的规则不能以市场法则来进行，因为其勾连着一定的社会制度，在不同社会制度下，土地所有权的归属与使用规则是不同的。基于此，在当代中国，在社会主义制度下，必须由政府主导制定土地所有权的归属与使用规则，以保障农村的社会主义发展方向。为此，十七届三中全会提出，"按照产权明晰、用途管理、

---

① 《中国共产党第十七届中央委员会第三次会议文件汇编》，人民出版社 2008 年版，第 12 页。

② 王文学编：《21 世纪的中国农业》，人民出版社 1998 年版，第 383 页。

节约集约、严格管理的原则，进一步完善农村土地管理制度"①，2013 年中央"一号"文件也提出，要在稳定农村土地承包关系下，引导农村土地承包经营权有序流转。② 但我们要结合农村实际积极探讨土地承包经营权流转管理和服务办法，以解放农村的生产力，解决农民持续增收问题，进而使农民利益表达的经济环境得到改善。

（三）供给农村农业支持保护制度

基于农业在整个国民经济中的地位以及农业生产的脆弱性，世界大多数国家都建构了农业支持保护制度。一般来说，农业支持保护是指在国民经济运行过程中，不是出于市场的需要，而是由政府采取的一系列支持与保护农业的政策措施的总和，即农业支持保护制度供给的主体是政府而不是市场。这主要体现在以下两个方面：一是农业支持保护制度是市场经济下的一种政府行为，它是以政府为制度的供给主体，着眼于整个国民经济的宏观运行，根据农村改革发展的实际情况，依据农民的现实需求，运用政策手段，对农业发展进行宏观调控的一种方式。二是农业支持保护制度并不是由单一政府政策以达到既定目标的，而是一系列政策综合起作用的结果，它是由不同层面、不同环节的各种有利于农业发展、农民增收的政策所组成的政策体系。

在当代中国，对农业的支持保护制度在农村最主要的就是加强对农业的投入，同时健全农业投入保障制度，拓宽农业投入渠道，较大幅度提高农民种粮补贴，健全农产品价格保护制度，健全农业生态环境补偿制度。通过对农业的支持与保护，促进农村经济的发展与社会的稳定，提高农业生产力和市场的竞争力，提高农民的收益，改善农村的基础环境，进而改变着农民利益表达的内外环境。在促进农村经济发展、农民收入提高的同时，影响和改变着农民利益表达的整体发展态势与发展方向。

（四）供给农村金融制度

中国的金融制度供给一直是由政府完成的，政府通过设立一定的金融机构，强化金融监管，保持着整个农村金融的有效供给。与整个社会转型中的渐进改革一样，我国农村的金融体制改革走的也是一条渐进式的改革

---

① 《中国共产党第十七届中央委员会第三次会议文件汇编》，人民出版社 2008 年版，第 12 页。

② 《中共中央国务院关于加快发展现代农业　进一步增强农村发展活力的若干意见》，人民出版社 2013 年版，第 11 页。

道路。虽然较大程度上符合了当代中国农村发展的实际，同时通过这种渐进式改革使当代中国农村因获得较大的金融支持而得到经济上的发展，但是我们也应看到：

> 这一改革模式存在的明显特征是重金融组织与金融工具的变革而轻金融制度的变革，对那些涉及面广、可能对现有制度框架和经济秩序和金融秩序造成冲击的深层次问题，则采取回避和拖延的态度，把改革的矛盾和困难后移，即使推出一些新的金融制度安排，也仅具有创新的外壳，金融体制的内容并没有发生质的变化，离市场化的要求甚远。[①]

因金融制度的有效供给不足，满足不了农村经济发展对金融资本的需求，所以中国共产党十七届三中全会提出了应对之策：构建安全的农村金融体系，加大对农村金融政策支持力度，发挥各类金融机构在农村的重要作用，规范和引导民间借贷健康发展，构建农村信贷担保机制。[②] 在未来农村经济发展中，必须提高政府对农村金融发展的支持力度，推进农村金融制度创新，而这些都离不开政府主导作用的发挥。通过政府对农村金融的支持与制度的创新，使农村的经济发展获得了资金支持，就可以促进农业的发展、农民的增收，从而影响和改变着农民利益表达的物质基础。

（五）供给城乡经济社会发展一体化制度

随着农业生产力的提高，大量农民开始到城市中就业，与此同时，国家在城市化偏好下，提高了城市化发展的速度。但是，在城镇化的过程中，一些地方"重城轻乡"，把很多资源集中到城镇中去供居民使用，而一些乡村的农民，本身能获取的资源有限，再加上资源的流失，更没有机会占有本应属于自己的资源，造成资源在城镇居民和农民之间供给的不平等，出现城乡差距。城乡差距的存在，使农民利益表达与城市居民利益表达无论是表达意识、表达渠道、表达手段还是表达效能等方面都存在巨大的差异，因此，城乡二元结构也体现在城乡居民利益表达的发生发展中。

---

① 董晓林、洪慧娟：《中国农村经济发展中的金融支持研究》，中国农业出版社 2006 年版，第 173 页。

② 《中国共产党第十七届中央委员会第三次会议文件汇编》，人民出版社 2008 年版，第 15—16 页。

因此，协调城乡发展，构建城乡经济社会发展一体化的机制在当代中国显得迫为需要。基于此，十七届三中全会提出要促进各种资源的城乡自由流动，统筹城乡产业发展与基础设施建设和公共服务，统筹城乡劳动就业，加强对农民工的权益保护，健全农村社会保障体系，走中国特色城镇化道路，促进城乡一体化发展，①形成以工促农、以城带乡、工农互惠、城乡一体的新型工农、城乡关系。②

　　城乡协调发展，既是目标，也是手段。作为目标，它是现代化过程中逐步实现城乡经济的一体化、城乡社会的平衡发展、城乡居民的同等文明进步的基本途径。作为手段，它又是最终消除城乡差别，达到工农结合，城乡结合，相互促进，共同繁荣的基本途径。③

手段与目的的综合、资源要素等的流动离不开政府发挥主导作用。政府通过对城乡经济社会发展的统筹，使城乡的资源能够自由流动，并能在政府宏观调控下将更多资源流向农村，促进农村经济的发展，影响和决定农民利益表达的整体发展态势与发展方向。

第二节　优化农村教育提高农民文化水平

一般而言，"物质文化条件的状况，直接制约着主体实践的状况，最终规定着主体自由的实现"④。换言之，文化教育的发展直接影响着社会主体的日常生活实践。因此，发达国家农业的发展离不开他们对农业教育和农业科学研究的高度重视。在美国，直接从事农业生产的劳动者中，大约有30%是大学毕业生；在法国，要当个农民得先受五年高等农业教育，还要在训练班受训，再到农场劳动三年，其中一年还必须在别人的农场，然后经过考试合格才有资格当农民；在一些国家的法律上有这样的规定：

---

① 《中国共产党第十七届中央委员会第三次会议文件汇编》，人民出版社 2008 年版，第 16—17 页。
② 胡锦涛：《坚定不移沿着中国特色社会主义道路前进　为全面建成小康社会而奋斗》，人民出版社 2012 年版，第 24 页。
③ 蒙世军：《城镇化与民族经济繁荣》，中央民族大学出版社 1998 年版，第 404 页。
④ 贾高建：《三维自由论》，中共中央党校出版社 1994 年版，第 48 页。

没有农业专门学校的毕业证书，哪怕你是农场主的儿子，也不准继承农场主的事业。①

农民在利益表达过程中不可避免地受着一些旧有思想和习惯的影响，这种思想和习惯影响着农民对于利益表达渠道与手段的选择。在当代中国，虽然农村文化教育取得了较大发展，农民文化素养也有所提升，但农民在思想和科学文化方面还存在着与利益表达活动不相适应的问题。因此，只有极大地提高农民的文化素质，才能帮助他们彻底了解、认识、熟悉利益表达知识，最终在日常生活中理性利用利益表达来维护和增进自己的利益，实现农村政治现代化及有序政治生态，而这一切必须靠大力发展农村教育。因此江泽民指出："特别要高度重视发展农村教育事业，我国十二亿人口中，八亿多在农村。广大农村人口是否接受良好的教育，是一个直接关系到农村实现小康和现代化的大问题。"② 农村教育影响着农民素质的提升，并影响着农民对利益表达的动机、手段与方式的选择。历史地看，当代中国农村人口仍然占多数，如何大力发展农村教育，提高农民素质，促进农民利益表达由被动走向主动，减少或防止非制度化利益表达是我国民主政治发展必须解决的一个关键问题。

一　优化农村教育

家庭教育、学校教育与社会教育构成了农村教育的大系统，这一系统的良性健康运转不仅对于促进中国农村经济发展、建设社会主义新农村具有重要的工具性价值，也对农民文化素养，思想道德素养的提升产生重要影响。为了提高农民政治素养，使农民合理的利益要求通过合法的方式表达出来，其中重要的一环就是提高农民利益表达素养，而利益表达素养的提高又依赖现有农村教育体系的健康运作。

（一）加大对农村教育的财政投入

教育投入问题一直是我国农村教育发展中的主要制约因素之一。教育投入的多少以及使用是否合理，不仅影响着农村教育事业发展的规模、速度，影响着培养人才的数量和质量，③ 也影响着农业、农村的发

---

① 石丹林编：《农村经济学》，西南财经大学出版社1987年版，第386页。
② 《江泽民文选》第2卷，人民出版社2005年版，第333页。
③ 余永德编：《农村教育论》，人民教育出版社2000年版，第334页。

展和农民素质的提高，并作用于农民的利益表达行为。即使像美国那样发达的国家，也十分重视贫困人口的教育投资问题，美国自 1965 年有关立法通过后，联邦政府给许多社区提供了专项资金以强化中小学义务教育，其中最有影响的是"启智计划"。该项目让贫困家庭的孩子从4—5 岁的学前教育开始便和富裕家庭的子女一样充分享受学校内外的一切学习资源，使两者得以同步发展。① 我国也充分认识到农村教育发展产生的溢出效应，逐渐加大了对农村教育的投入，并且呈现逐渐扩大的趋势，这对于农民素质的提高，理性表达自己利益要求的行为提供了一定的文化环境。

我们认为，今后国家对农村教育的财政投入应着重于两个方面：一是加大转移支付力度。从教育的本质属性来说，应作为基层政府为农民提供的公共产品，因此，对教育的投入是政府应有的责任与义务。但是我国自"实行分税制后，中央财政有了很大的提高，但乡镇一级的财政却受到削弱。国家把办教育的责任交给地方，同时并没有有效地转移支付。'财权上交，事权下放'，财事权不对称造成农村，特别是中西部不发达地区农村的基础教育的严重缺乏"②。基层政府应多方筹资，加大对农村教育的投入。二是增加对农村教师的补贴，提高农村教师收入。由于二元社会体制的存在，我国城乡教师的待遇工作环境差别较大。

　　农村教师在物质文化生活、工作环境和条件等方面，都不如城市教师。农村教师在比较艰苦的环境和条件下从事教学工作。由于农村医疗条件差、再加上公费医疗的公费紧张，许多教师多病在身，带病工作，身体素质普遍较差。因此，为稳定教师队伍，提高农村教师待遇是非常必要的。应适当增加农村教师的教龄补贴，使农村教师的待遇高于城市的同级教师的待遇。这样做有利于稳定农村教师队伍和调动其工作积极性，又可以吸引城市一些大学生、中专生到农村去从事教育工作。③

---

① 李永宁：《美国社会保障体系的探索及分析》，《国外社会科学》1999 年第 5 期。
② 中汉经济研究所农村发展研究部编：《小康中国痛：来自底层中国的调查报告》，中国社会科学出版社 2004 年版，第 236 页。
③ 罗贵权编：《教育经济学论稿》，黑龙江教育出版社 1991 年版，第 191 页。

（二）提高农村教师素质

教师素质是农村教育发展的前提和条件，只有高素质的教师，农村教育才能适应社会主义现代化的要求，才能培育出更高素质的农民，才能使农民形成理性表达自己利益要求的习惯。基于此，有学者认为，"基础教育改革和发展的希望在教师，关键是要稳定教师队伍，加强教师队伍建设，否则，基础教育的改革，教育质量的提高就是句空话"①。

在农村，受社会主义市场经济的影响，在基层政府财政收入减少的情况下，如何提高教师素质并进而提高农民整体素质是农村教育面临的一个关键问题。我们认为，应从三个方面或三种渠道提高农民教师素质：一是内造。即通过内部改造的方式提高教师素质。一方面，可以通过使农村教师接受继续教育的方式，提高自己的学历，比如参加自学考试或成人高考等，既丰富了自己的知识面，也拓展了自己的专业知识。另一方面，还可以在一定区域内开展一定形式的竞赛，比如，开展教师基本功比赛，提高农村教师对本行业的热爱，增强教师的基本素质。同时也可以通过集中培训的方式对教师基本素质进行提升，比如举办各种形式的教学研讨会、专业培训会、教法交流会等，使区域间教师的才能与经验能得到共享。二是输血。即通过外部力量来促进教师素质的提升。目前从国家到各个省份都开展了支教活动，把省市里的优秀教师或各个高等学校的优秀学生送到农村支教，给农村教育注入了新鲜的活力，开拓了农村教师的视野。但不可否认的是，部分省市的支教活动还只限于本区域内，空间范围太窄，同时，如何使这种支教活动形成一种长效机制仍然是今后需要研究的重点课题。三是内造与输血相结合的方式。也就是通过对内制定合理标准，任用优秀教师人才，制定严格的考试考核办法，吸引农村中具备教师资格的人员受聘，坚决清除不合格的在校代课教师，甚至是公办教师，以打开被挤占的编制空间从而提升农村教师素质，这属于内造的方式。通过考核考试实行优胜劣汰的选择机制使农村教师在自我压力下自觉地将提高素质作为自己的日常行为之一。同时通过增加财政投入，增加教师收入，即通过一定的政策导向，使社会中更多的优秀人才流向农村学校，为农村教育注入新的血液，这属于输血方式。通过这种内造与输血方式的结合，使农村教师素质得到提高，为农民利益表达素养的提高提供了条件。

---

① 李小融：《中国基础教育问题》，湖南教育出版社 1995 年版，第 354 页。

（三）构建多元化农村教育体系

改善农民教育条件，提高农民利益表达素养需要构建一个多元化的教育体系，但是这个多元化的教育体系必须根据不同区域的实际情况有所选择，因为在一些农村地方，仍然存在着一种脱离区域实际的倾向。因此，发展教育并不是难事，难就难在要切合农村实际发展农村教育。如何以宏观与微观相结合的方式，根据不同区域农村发展的实际情况，有针对性地构建多元化农村教育体系是一个重要课题。

1. 政府主导的具有公共物品属性的教育多元化

即把教育作为政府为农民提供的必需的公共物品来看待，从这个层面来讲，多元化的农村教育体系的建构应从以下几个方面入手：

（1）夯实普通教育。普通教育是普通文化科学知识教育的统称。从性质上划分，是区别于专业教育的一般文化基础性质的教育；从教育对象上划分，是区别于成人业余教育的全日制中、小学和高等学校的教育；从办学形式来划分，它区别于为弱智、盲、聋、哑儿童所设立的特殊教育。农村普通教育的主要对象是农村青少年、部分成年人，其实施机构为农村中学、小学以及农民学校等。其目的是使受教育者接受全面的普通文化科学知识的教育，并让他们获得生活、生产所应具备的一般知识，使其在德、智、体、美、劳方面得到全面的发展，成为有社会主义觉悟的有文化的劳动者。① 普通教育是提高农民利益表达素养的最关键形式的教育，现阶段主要工作是要高指标完成农村普及九年义务教育，巩固义务教育阶段的成果。

（2）大力发展职业教育。职业教育是提高农民利益表达素养的又一种教育形式。职业教育是社会主义市场经济发展的必然要求，对提高农民操作技能、工作技艺以及农民整体素质具有重要影响。"近年来，农村职业教育有了很大发展，但还不能适应农村经济发展的客观要求。目前我国农村劳动力中，接受过短期职业培训占 20%，接受过初级职业技术培训或教育占 3.4%，接受过中等职业技术教育占 0.13%，而没有接受过技术培训的竟高达 76.4%，说明职业教育的发展差距还比较大。"② 因此，以后政府应加大对农村职业教育的投入，使农村职业教育跨上一个新台阶。

① 秦志华编：《中国农村工作大辞典》，警官教育出版社 1993 年版，第 725 页。
② 徐祥临：《三农问题干部学习读本》，中共中央党校出版社 2004 年版，第 171 页。

（3）有步骤地发展成人教育。农村成人教育是对直接从事农业生产的劳动力进行教育和培训，开发他们的劳动潜力，提高他们掌握运用科学技术、适应市场经济变化规律和社会变革的能力。它以促进农村社会经济发展为目的，以"实际、实用、实效"为原则，以提高农村劳动者生产、经营、管理技能为重点，以初、中级的单项实用性技术培训为主要内容，以提高广大农村人口素质为主要目标，具有周期短、针对性强、见效快等特点。它为农村各类人员提供多形式、多层次的教育和培训，使务农者得以致富，使务工者提高技能，使失业无业者谋生有门，使外出打工者就业有路。这类教育直接为农业增效、农民增收服务，与农村经济的发展有着直接密切的关系。①　虽然在成人教育与职业教育中存在相互交叉之处，但因农村成人教育自有特点使政府必须要加强对农村成人教育的管理。目前，农村成人教育的重点是做好扫盲教育，通过有步骤、有目的地加大对农村成人教育的投入，扫除农村中文盲、半文盲，提高农民接受成人教育的程度，提升农民利益表达素养。

2. 教育投入主体的多元化

教育虽然是政府为农民提供的必需的基本公共物品，但是根据目前中国农村的实际，以及大多数农村基层政府的财政状况，农村基层政府作为单一主体进行教育的投入不适合目前农村的实际。因此，打破传统单一的教育投入，使投入主体走向多元，构建一个多元化的农村教育投入体系"是解决我国教育投资匮乏的关键，也是建立起多元化教育体系的核心内容"②。多元投资主体对于形成良性的教育竞争，提高农村教育素质，改善农村教育状况具有重要影响。

（四）加强农村教育基础设施建设

在城乡不平等的发展模式下，我国农村教育与城市教育的差距显著，从总体上来说，"广大农村教育设施简陋、老化，提供的产品和服务，无论数量、品种、质量都远远不能满足农民群众的需要"③。为了提高农民整体素质，促进农民理性表达利益要求，必须加大对农村教育设施的投

---

① 黄碧岭：《建设社会主义新农村背景下的农村成人教育发展研究》，硕士学位论文，福建师范大学，2008 年，第 20 页。

② 周明星编：《教育创新磁场与环境》，中国人事出版社 1999 年版，第 259 页。

③ 中国（海南）改革发展研究院编：《聚集中国公共服务体制》，中国经济出版社 2006 年版，第 258 页。

入。我们认为，今后农村教育基础设施的投入应主要关注以下两个方面：

1. 加强学校基础设施建设

学校是农村教育的基地，是农民政治社会化的重要场所，也是提高农民素质、促进农民合理表达自己利益的最重要的孵化地，因此，学校基础设施情况对于农村教育的发展，农民素质的提高具有重要功用。实行分税制后，基层政府财政收入减少，农村学校基础建设面临挑战。由于资金的缺乏，我国农村许多地方学校基础建设得不到有效保障，"在许多农村尤其是中西部地区，校舍、课桌、教学设施非常简陋，甚至最基本的教学条件也不具备。全国的中小学校危房，80%在农村；全国有三分之二的学生在农村，而计算机拥有量三分之二在城市学校"①。因此，必须加强对学校基础设施的投入，使其成为提高农民素质、培养理性农民的重要基地。

2. 增加对农村信息化投入

即使在一些经济条件较好的农村，通信线路也严重落后于城市，不少地方连最起码的电话线也没有。从一些中部地区农村的调查看，电话的普及率是相当低的，同时相关的电信部门也不能有效地提供入网的技术服务。从一定意义上说，最新信息工具的利用是要依靠在校学生的，但农村中小学除了一些发达地区外，基本上没有网络的硬件设施，即使部分地区为了某种达标，给一些学校添置了很少数量的电脑及其他部分基本硬件，但真正让学生学习，并给予辅导的比例微乎其微，所添的硬件设施也成了某种摆设，② 这就必须由政府通过增加财政支出进行改善。

二 政府主导农村公共事业发展

农村公共事业的发展对于促进农村经济建设、社会稳定以及农民生活水平的提高起着重要的影响作用，也对农民利益表达素养的提升产生积极的影响。长期以来，在城乡二元体制下，以及基层政府发展偏好的影响下，我国农村公共事业偏离了正常的发展方向：一是城乡公共事业发展不均衡。由于特殊的城乡二元体制，政府对城镇化政策的偏好及城市集中效应的影响，政府将主要资源都用于城市中，造成"农村公共事业薄弱，

---

① 王太、赵经平、李海涛编著：《新农村建设从这里起步》，外文出版社 2007 年版，第 58 页。

② 中汉经济研究所农村发展研究部编：《小康中国痛：来自底层中国的调查报告》，中国社会科学出版社 2004 年版，第 236 页。

农村居民根本没有享受到与城市居民同等待遇的公共服务与公共产品"①。二是农村公共事业发展缓慢。在社会转型中，发展作为政府的主要指向，经济发展情况作为政府官员考核的重要指标。因此，在长期的农村发展中，基层政府将兴趣点定位于经济的发展上，对于费钱又不出成绩的农村公共事业的发展兴趣较少，存在着一条腿长、一条腿短的问题。

政府主导农村公共事业发展，提高农村教育文化水平，促进农村基础设施的建设，提高农村环境质量，做好农民的社会保障工作，其本身就是对农民利益表达内外环境的影响与改变，并通过这种主导作用的发挥，决定和影响着农民利益表达的整体发展态势与发展方向。

托克维尔指出："智力的不等直接决定于上帝，人们根本无法防止这种不等的出现。但是，我方才所说的一切，并不妨做出如下的结论：人的智力尽管不等，而且是创世主这样决定的，但其发展的条件是相等的。"②也就是说，虽然每个社会个体智力先天性发展不同，但是通过在相同发展条件下，智力的提升与发展也会相同，即起点公正与过程公正问题。而做到过程公正必须要加强政府的主导作用，通过政府对农村文化发展的投入与主导，使农民思想道德素质得到提高，农村文化设施建设得到加强，改变农民利益表达的内外环境，影响和决定着农民利益表达的整体发展态势与发展方向。

（一）提升农民思想道德素质

农民思想道德素质决定着社会主义新农村建设的成效与方向，是农民理性表达利益要求的思想基础，能够为解决"三农"问题、促进农村经济快速发展提供强有力的思想保证和动力支持。我们在前面曾指出，农民是农民利益表达行为的发起者和实践者，农民素质如何将影响和决定着农民利益表达的手段的选择、渠道的运用以及最终利益表达效能的大小，并最终影响着农民利益表达的整体发展态势与发展方向。农民思想道德素质是农民素质的一个最重要方面，对农民利益表达的行为始终起着先导作用。农民思想道德素质的提高可以从农民自身与外来力量两个方面进行。而政府在农民思想道德素质提升中则处于主导地位。因此，党的十七届三

---

① 彭京宜、傅治平、刘剑波：《建设社会主义新农村学习读本》，红旗出版社 2006 年版，第 109 页。

② ［法］托克维尔：《论美国的民主》上卷，董果良译，商务印书馆 1988 年版，第59页。

中全会为提高农民思想道德素质做出了安排：要坚持用社会主义文化占领农村阵地；满足农民日益增长的精神文化需求；社会主义核心价值体系建设；坚持用中国特色社会主义理论体系武装农村党员、教育农民群众；引导农民牢固树立爱国主义、集体主义、社会主义思想。[①]

（二）加强农村文化设施建设

农村文化设施建设是社会主义精神文明建设的物质基础，也是提高农民素质、影响和决定农民利益表达的必要条件和物质保证。只有足够的、能满足农民需要的文化设施，才能通过各种渠道以提高农民政治社会化程度，提高农民的民主政治素质，影响和改造着农民利益表达的内外环境。在当代中国农村，农村文化设施建设不能由市场按照自由配置资源的方式进行，而只能采取政府为主导、农民积极参与的形式来提供。党的十七届三中全会也为加强农村文化设施建设提出了一定的措施：推进广播电视村村通、文化信息资源共享、乡镇综合文化站和村文化室建设、农村电影放映、农家书屋等重点文化惠民工程；开展各种农民文化活动；支持农民兴办演出团体和文化团体；发展农村体育事业。[②] 党的十八大再次提出了要加大对农村和欠发达地区文化建设的帮扶力度[③]。

（三）建构农村文化投入保障机制

城乡文化发展的差距，农民利益表达素质提升的缓慢，农村文化设施建设的薄弱部分缘于基层政府对农村文化投入的消极。这不仅影响了农村的经济发展，也对农村的社会稳定产生潜在影响。因农村文化投入较少，影响着农民利益表达素质的提升，影响着农民对利益表达方式与渠道的选择，并影响着农民利益表达的效能与发展方向，所以加强对农村文化投入是农民利益表达内外环境的重要一环。因此，十七届三中全会将建立稳定的农村文化投入保障机制作为繁荣发展农村文化的重要举措。[④] 2013 年中央"一号"文件再次提出要深入实施农村重点文化惠民工程，建立农村

---

① 《中国共产党第十七届中央委员会第三次会议文件汇编》，人民出版社 2008 年版，第26 页。

② 同上书，第27 页。

③ 胡锦涛：《坚定不移沿着中国特色社会主义道路前进　为全面建成小康社会而奋斗》，人民出版社 2012 年版，第 32 页。

④ 《中国共产党第十七届中央委员会第三次会议文件汇编》，人民出版社 2008 年版，第27 页。

文化投入保障机制。① 但是，我们应该看到，如果对农村文化的投入没有明确的目标和正确的投入方式的话，投入的资金也可能不能取得较好的收益。目标与投入方式的选择与政府主导作用发挥的大小有关。政府通过对农村文化投入的加强，为提高农民利益表达素养创造良好的条件，并影响和改变着农民利益表达发展的整体态势与发展方向。

第三节　增强农民利益表达意识

在由传统计划经济转向现代市场经济的过程中，市场经济的逐利性、经济理性等观念逐渐渗透到农村，农民虽然形成了一定的参与意识及表达能力，但与市场经济相适应的表达意识尚未形成，在某些时候可以说是处于一种缺失的状态。囿于自身素养，农民普遍缺乏自主意识、权利意识、公民意识、法制意识及群体意识，使农民在维护和实现自己利益的过程中处于弱势，这不仅影响到农民根本利益的实现，也对农村的改革发展与稳定产生了一定的影响。因此，必须增强和培育农民的利益表达意识，以维护和增进农民的利益。

一　培育农民利益表达的主体意识

主体意识就是指自己掌握自己命运的自主意识，就是自力更生、奋发图强的自强意识，就是个性解放的独立意识，就是我是社会的主人，我是我自己的主人的意识，② 是人们在认识世界和改造世界过程中对自己主体地位和作用的自觉认识和态度。③ 换言之，主体意识是社会主体对于自身的主体地位、主体能力和主体价值的一种自觉意识，是人之所以具有主观能动性的重要根据。

从农民利益表达意义上来说，主体地位是指在国家政治生活中所赋予农民的政治权利的主体地位，即农民根据现代民主政治发展所享有的宪法和法律赋予的各种权利，这种权利是农民进行利益表达的先决条件；主体

①　《中共中央国务院关于加快发展现代农业　进一步增强农村发展活力的若干意见》，人民出版社 2013 年版，第 20 页。

②　邵道生：《现代化的精神陷阱　嬗变中的国民心态》，知识产权出版社 2001 年版，第 266 页。

③　王植彬编：《现代人才素质概论》，中央编译出版社 1996 年版，第 191 页。

能力是农民作为一个利益表达主体有能力通过一定的方式和渠道行使自己的利益表达权利，只享有利益表达权利但无利益表达能力也不能使农民利益表达行为成功完成。当然农民利益表达能力的高低受着诸如素质、政治经济环境等因素的制约，但总体来说，农民利益表达能力是农民主体意识的一个重要方面；主体价值是对自己作为主体地位和主体能力的认识，也是一个人是否能够实现主体意识的最重要的精神武器，即农民作为一个利益表达主体，他是否认识到自己拥有利益表达权利，是否行使或在多大程度上行使了这些权利的认知，或对于自己有没有能力或有多大能力进行利益表达以实现和维护自己利益的认知。因此，我们可以看出，农民的主体意识是农民进行利益表达的必备意识，也是农民成功进行利益表达的内在素质。正是在此意义上，有学者认为，"主体意识是现代性社会的最基本精神"①，是农民必须具备的基本意识之一。

主体意识受制于多种因素的影响和制约，诸如哲学观点、政治态度、道德水准、知识基础、心理素质、社会经验等。几千年的封建文化的影响，以及几十年来计划经济的束缚，使我国的农民一直生活在重群体而轻个体的生存环境中，农民养成了一种事事依靠他人的性格，从而造成主体意识的缺失。这种主体意识的缺失影响着农民维护和实现自己利益的主动性，形成了随遇而安的小民心态，从而使农民在社会转型和利益格局的重新调整中失去了争取自己利益的机会，以至于成为改革进程的利益相对或绝对受损的群体。因此，从一定意义上来说，即使有健全的利益表达渠道、良好的利益表达权利保障机制，如果没有利益表达的主体意识，农民理性表达自己利益要求的行为也较难发生。所以，美国学者科恩指出，"如果没有以适当的精神用好这些设施的意愿，会所、票箱本身是不会为民主带来成功的"②。

培育农民利益表达的主体意识，一是使他们能自觉地进行利益表达，而不是被动地、动员式地进行利益表达，掌握利益表达的主动性，改变利益表达的工具性价值。因为，"当前我国农民的政治参与大多是在经济利益受到严重侵犯的情况下，为了实现某种具体化经济目标的手段性参

---

① 高兆明：《社会失范论》，江苏人民出版社 2000 年版，第 180 页。
② ［美］科恩：《论民主》，聂崇信、朱秀贤译，商务印书馆 1988 年版，第 109 页。

与"①。二是培育农民利益表达的主体意识使农民能够形成一个群体意识，更好地影响政府政策。群体之所以形成，是因为其内存着一个群体意识，一个群体形成群体意识，标志着它的主体意识开始走向成熟。同样，具有主体意识的群体能形成更强大的能量，影响着外部环境，"有了主体化的利益表达意识，各个群体就会对自己的利益要求有比较清醒的认识，会更加自觉地通过利益表达渠道主动地影响公共政策，追求合理的利益要求，并且采取正当的手段维护合理的利益要求"②。

　　一般来说，社会个体都具有一定的能动性、创造性、自主性和理性，所以在当代中国，培育农民的自主意识主要是使农民具有自主选择性、能动塑造性和主动超越性的意识与能力。农民主体意识的自主选择性主要表现在农民对于利益表达目标和实现这些目标的利益表达方式、方法与渠道的选择方面具有一定的自主性，表现为自我组织、自我调节与自我独立等方面。农民对于利益表达因子的自我选择就意味着农民要做自己的主人，不受制于他人与环境的约束，根据自己意愿表达自己利益要求。农民利益表达主体意识的能动塑造性主要表现在自己利用利益表达来改变政府政策的能力方面。农民这一主体意识要求农民能自觉地、能动地按照自己利益表达目标去创造一个完整的利益表达系统，最终影响政府政策，以理性方式维护和实现自己的利益。农民利益表达主体意识的主动超越性表现在农民进行利益表达过程中出现不畅或失败时，有变革利益表达目标、手段、方式与渠道的主动精神和变革意识。主动超越性表现了农民对于自身的重新认识和重新考量，再一次了解自己的主体地位、主体能力与主体价值，从而提升自己利益表达能力，增强利益表达效果。因此，培育农民的主体意识，就是要增强他们的主体地位，提高他们的主体能力，使他们认识到自己的主体价值，从而在利益表达中不断培育自己的表达意识，增强自己的表达能力。

二　培育农民利益表达的权利意识

　　利益表达是现代民主社会宪法和法律赋予公民的不可剥夺的权利，是

---

①　朱光磊：《当代中国社会各阶层分析》，天津人民出版社 1998 年版，第 231 页。

②　梁妍慧：《探寻执政党协调利益、整合社会的崭新体制与方式》，《中共石家庄市委党校学报》2005 年第 7 期。

农民参与政治的重要基础和表现形式，也是农民自由权利的重要内容。弥尔顿说："让我有自由来认识、发抒己见，并根据良心作自由的讨论，这才是一切自由中最重要的自由。"① 美国著名思想家杜威也认为："民主的基础是对人性之能量的信赖、对人之理智和合作性的信赖。只要给人们机会，他们就能够成长，并不断创造用以指导集体行动所必需的知识和理智。"② "表达意见的自由、集会商讨的自由、作为交流工具的新闻出版的自由，这些权利不受到保障，个人的才智和能量就无从发挥，社会也就剥夺了他们可能贡献的东西。"③ 因此，自由权利及其重要内容之一的利益表达权利都是农民权利的重要内容，这些内化为农民的权利意识。

农民利益表达的权利意识是指作为权利主体的农民意识到自己享有各种经济权利、政治权利、社会权利，并能明确地懂得权利的正当性、可行性及其界限，在法定范围内主动追求和行使自己的权利，勇敢地捍卫自己的权利。但权利永远不能超出社会的经济结构以及由经济结构所制约的社会的文化发展。因此，作为权利行使主体的农民在享受利益表达权利的同时，不可无视社会所能提供的物质条件和精神条件以及社会的承受能力而盲目主张权利和滥用权利。对于那些权利观念明确的人，可以独立地表现自己的意志而不傲慢，正直地表示服从而不奴颜婢膝。④

受两千多年封建社会统治阶级愚民政策的影响，传统农业社会的落后观念和意识在现代农民的心目中仍根深蒂固。对中国农民来说，由于宗族观念和以此为基础的儒家和道家思想的双重影响，中国农民的利益观念并没有得到必要的提升，这与市场经济对人们谋利动机的要求是不相适应的。同时，"作为对合理而正当利益要求的实现，农民的权利意识由于受中国封建专制政治的长期压制，也没有达到法制社会的基本要求，从而在全社会培养出了逆来顺受的权力本位意识"⑤。利益意识的淡薄使农民对于利益的追求动机消极，导致对利益的直接或间接获取处于劣势，并进一步影响了其权利意识的形成。虽然物质利益、精神利益等都成为农民追求

---

① 周爱群、胡翼青：《受众研究的理论与实践》，江苏人民出版社 2005 年版，第 20 页。
② ［美］杜威：《新旧个人主义——杜威文选》，孙有中等译，上海社会科学院出版社 1997 年版，第 4 页。
③ 同上书，第 6 页。
④ ［法］托克维尔：《论美国的民主》上卷，董果良译，商务印书馆 1988 年版，第 272 页。
⑤ 司汉武、同春芬：《传统与超越：中国农民与农村的现代化》，西北农林科技大学出版社 2006 年版，第 100 页。

的目标，并且不同利益之间可能相互矛盾，但是只要这样的利益本身不违法，就都是正当的，都有争取和保护的权利。农民进行利益表达活动，首先要在充分享有各项基本权利的基础上才能进行，要使农民利益表达有成效首先必须保证农民的各项基本权利。利益意识及其导致的权利意识的缺失使农民利益表达成效甚低。

农民权利意识变化情况与中国农村经济、社会与政治发展的情况密切相关。从一定意义上说，后者是前者最重要的决定性因素，而农民权利意识变化情况也对后者的发展产生着重大的反作用。我国的宪法和现行法律从各个方面明确规定了农民基本且具体的权利，党和政府也通过各种措施充分保障农民的这些基本权利的实现，同时社会主义市场经济在农村的发展也催生了农民权利意识的觉醒，这为农民进行利益表达提供了内在动力。但是，农民还不能很好地在宪法和现行法律的范围内维护与行使自己的公民权利，宪法和法律所规定的公民权利难以得到充分实现①。

表达意识与权利意识息息相关，权利意识是表达意识的基础和推动力，表达意识是权利意识的重要表现，"如果公民在自己的利益遭受到侵犯和损失的情况下，缺乏足够的表达意识，不去积极进行利益表达，那么他们的利益就难以从政府那里得到保护和增进"②。从一定程度上来说，宪法与法律等仅是从文本上规定了公民利益表达权利，而"法定权利只有经过具体实施才能变成事实权利"③。从本质上说，农民利益表达的权利价值在于，农民通过法定的形式，诉说自己的利益要求，并使这种利益要求进入政府决策程序，一方面使政府政策更加科学与民主，另一方面，也使农民在利益表达过程中得到了锻炼，行使了自己的民主权利，有利于社会主义民主政治的发展。而且，农民"权利意识的拥有是他们去争取权利的前提和基础。只有增强农民对自身权利拥有状况的了解和内涵的理解，以及增强他们对维护自身权利的敏感度，真正利用现有的涉及农民权利、权益的法规来维护自身的合法权利，农民才能获取发展自身的合法资源，提高自身的能力，获得更大的发展"④。

---

① 刘月平：《公民权利意识培育与中国民主政治发展》，《前沿》2008 年第 9 期。
② 朱光磊：《当代中国各个阶层分析》，天津人民出版社 1998 年版，第 238 页。
③ 贾品荣：《应畅通公共利益表达机制》，《中国经济时报》2007 年 8 月 10 日第 5 版。
④ 李小云、左停编：《中国农民权益保护研究》，社会科学文献出版社 2007 年版，第 232 页。

减少或防止农民非制度化利益表达，提高农民利益表达的质量与效能，必须培育农民利益表达的权利意识，这是一个渐进的、长期的任务，因为农民权利意识的培育并非一蹴而就，而是长期形成与积淀的结果。当前提升农民权利意识的关键在于：一是进一步发展农村的市场经济。市场经济是法律意识和民主权利观念形成与发育的前提，因为市场经济本质上是一种竞争性经济，是一种权利经济，只有经济发展了，生活条件改善了，才能为农民法律意识和农村民主法治的实现提供坚实的经济基础和物质保障。二是进一步加强农村民主法制建设。提高农民的民主意识和法制观念，在某种程度上讲靠培育一种环境，创造一种氛围，这种氛围就是要改变农民"从身份到契约"，从小百姓到国家主人，从农民到公民①。让农民知道自己有些什么权利，并学会认真对待权利，即从总体上实现农民由臣民型政治文化向公民型政治文化的转变，提升农民对于自身权利的认知与行使。

三　培育农民利益表达的公民身份意识

一般意义上来说，身份意识就是社会个体对自己身份的一种自觉认同，"认同是一个重要的哲学认识论范畴，是指对共同东西的认可和接受，它是每一个个体都会碰到的终极性问题，是对自我身份和自我概源的追问，是一个涉及灵魂深归宿的形而上探索。认同不仅是一种认知的态度，更重要的它是一种价值信仰，一种承诺和坚守"②。因此，从一定程度上讲，所谓身份认同就是每个人对其自身的身份和角色的理解与把握，它是个体进行社会活动的基础。准确地认定他人的身份和稳定地表明自己的身份是社会成员之间形成良好的社会互动的基础。③

社会个体的身份认同是一个不断深化的过程，表现出独有的特征。一是身份认同的独立性。无论是单一社会个体还是社会群体或社会组织，因其在社会中的身份与角色的差异，使单一社会个体、群体或组织对自己身份或角色的理解和把握出现差异性，表现出身份认同的独立性。二是身份认同的动力性。当社会个体、群体或组织对于自己身份与角色有了把握之

---

①　田成有：《乡土社会中的民间法》，法律出版社 2005 年版，第 260 页。

②　史炳军、马朝琦：《危机与回应：和谐社会的文化认同》，《社会科学家》2006 年第 5 期。

③　张雪筠：《农民工与城市主体社会》，天津社会科学院出版社 2007 年版，第 156 页。

后，会在身份认同意识的驱使下选择实现某项活动的手段、方式与渠道，并进而达到预定目标。三是身份认同具有跨地域性。不同地域的单一社会个体、群体或组织，由于经济社会情况、制度构建情况及整个社会意识的差异，使身份认同表现出跨地域的特质，经济发达地区与经济落后地区的身份认同会存在较大差异。四是身份认同具有跨时间性。在不同的时期，在不同的发展阶段，社会个体、群体或组织的身份认同是在发生变化的。

农民利益表达的身份认同可以理解为农民在进行利益表达过程中，基于对自己所处位置即"我是谁"的认识而产生的对自身身份的认知、自己感情归属或依附、未来行动归属的主观性态度，并且这一主观态度是可以随自身社会地位以及社会场景的变化而变化的。也就是说，农民在利益表达过程中，在明确自己的身份的前提下，按照系统比对这种身份来获取自己的权利和约束自己的言行，从而使自己的权利、言行与自己的身份相一致、相符合。

农民利益表达的身份意识是获得公民意识产生的基础，是有效表达的前提。公民身份意识首先是一种法律身份，它是基于法律的确认才产生的，即通过宪法与法律明确规定作为一国公民应享有的基本权利。其次是公民享有国家作为一个公共产品提供者应该为自己提供的权利和服务，并在获取权利与服务的同时要承担同样的义务。权利总是与义务相连，没有权利的义务是不存在的，只有权利而不承担义务也是不存在的。虽然在计划经济向市场经济的转型过程中，中国农民的公民意识有了很大的提高，个体身份认同开始从被动走向主动。[①] 但是在传统文化中所形成的臣民文化使农民的公民身份意识缺失，在其意识形态中仍然存在"我是一个老百姓""我是一介平民""我不过是草民一个"等意识残存，忽视自己的身份意识，期望在利益表达过程中出现"青天"等以实现和维护自己的利益，淡化了自己作为国家公民应具有的权利。

为了提高农民利益表达的主动性，维护和实现农民的利益，必须改变农民的公民身份意识淡薄乃至错位的状况。利用各种渠道和方式大力加强农民公民身份意识的倡导和培养。因此，要实现两个转变：

一是由农民身份意识向选民身份意识的转变。有学者曾非常形象地

---

① 王毅杰、高燕：《社会经济地位、社会支持与流动农民身份意识》，《市场与人口分析》2004 年第 2 期。

说，农民"怀里揣着的身份证，只是在外出做工时才有作用，而农民对于自己的身份的认同也只是表明自己是某某镇某某村的人，并没有明确的独立身份的感觉，更不会意识到自己是一个具有选举权和被选举权的公民"①。农民只是一个与地域、职业相连的概念，不能表现出其作为国家主人的身份特征。选民是作为国家政治主人的面貌行使自己应有的政治权利的概念，体现了国家一切权力属于人民的现代民主政治思想。因此，实现农民身份意识到选民身份意识的转变，就是要使农民脱掉基于区域、职业对于自己的身份与角色的认知，在具备选举的基本素养前提下，行使自己的政治权利，进行利益表达，实现村民自治的完善与发展。

二是由农民身份意识向公民身份意识转变。近代"公民"身份强调以政治权利为核心，着重强调人与人之间的平等关系；也强调对公民私人财产及其经济活动自由的平等保护。② 即"个人作为一个主权国家或民族国家普通的成员，享有与其他人同等权利和待遇的资格。公民身份所要表达的是普遍主义的社会秩序和无差别或平等社会结构的特征"③。因此，公民身份最重要的是其体现平等特质，而平等"是给公民提供一种将其共同而有保证的身份设想成平等公民的方式"④。实现由农民身份意识到公民身份意识的转变，就是要树立农民的平等意识，让他们知道改革开放所带来的伟大成果应是全体人民共享的，他们应当平等地与其他人共同享有应得的成果，而不应被歧视，其利益表达应被尊重，其受损利益应被维护和实现。

---

① 李江涛等：《民主的根基：广东农村基层民主建设实践》，广东人民出版社 2002 年版，第 220 页。

② 祁进玉：《群体身份与多元认同：基于三个土族社区的人类学对比研究》，社会科学文献出版社 2008 年版，第 214 页。

③ 陆益龙：《户籍制度：控制与社会差别》，商务印书馆 2003 年版，第 440 页。

④ ［美］罗尔斯：《政治自由主义》，万俊人译，译林出版社 2000 年版，第 391 页。

第六章　培育、塑造合格的利益表达客体

　　农民是利益表达行为的实践者，利益表达客体是农民进行利益表达活动所指向的对象，没有利益表达客体，农民利益表达就失去了目标，利益表达就不可能成为利益表达；利益表达客体如果不积极、努力地倾听农民的利益表达，就会使利益表达活动出现意想不到的结果，也会影响农民的表达积极性，甚至会阻碍利益表达信息的进一步传播与汇总，对执政党政策和政府决策产生重要影响。农民进行利益表达活动是利益表达客体存在的前提和基础，没有农民这一利益表达行为主体也就无所谓利益表达客体。利益表达客体因农民利益表达的存在而存在，农民的利益表达也规定着利益表达客体的真实性、合法性及有效性。对农民来说，利益表达客体是他们进行利益表达诉求的对象，利益表达客体的活动是利益表达的逻辑趋向，利益表达的客体为农民创造了各种接收的途径，并在综合、整理农民利益表达的基础上，使农民利益的实现成为可能，没有利益表达的客体，农民就会陷入盲动，不能找到行动的目标。利益表达客体通过自己的活动，为争取和实现、维护和发展其所代表的利益表达主体所表达的利益而进行实践活动。

　　在每一确定的场合和时间内，主体与客体划分是确定的，但随着场合和时间变迁，主体与客体的划分又是不确定的，① 因此，对于农民利益表达行为来说，在一次性或当面表达过程中，利益表达客体是确定的，随着时间的变迁，利益表达客体又是不确定的，所以利益表达客体又是相对的，没有绝对的始终属于利益表达客体范畴的利益表达客体。对某一个利益表达客体而言，他既是利益表达客体，也有自己的利益要求，也要向一

---

① 　田心铭：《认识的反思》，人民出版社 2000 年版，第 69 页。

定的对象进行利益表达，相应地他又变成了利益表达主体。如村民委员会是社区性的利益表达结构，村民可以就社会福利、公共卫生、治安保卫、计划生育等向村民委员会进行表达，村民委员会就成了村民的利益表达客体，村民委员会对这些利益表达要求进行分析和汇总（有时也加上了自己的某种利益要求），又向当地政府反映，村民委员会又变成了利益表达主体。

利益表达客体在角色转换中行使着不同的职责，鉴于利益表达客体在农民利益表达活动中的重要地位，为了调动农民利益表达的积极性、主动性和创造性，使利益表达活动传递的信息更加全面、准确、真实，就需要培育、塑造合格的利益表达客体。

第一节　利益表达客体过程的重要性

利益表达是农民为了实现某种利益的一种行为，这种行为的实现并不是自发的，而是有一个系统的支撑，是农民利用一定的渠道和方式向一定表达客体表达要求、建议，并主张利益的一个过程。这一过程大致包括利益表达的开始，也就是农民为什么要进行利益表达；利益表达的传递，从动态的角度来考察农民利益表达问题，农民将自己利益要求等表达出来之后还需要有一个向有关客体进行传递的过程；利益表达的反馈，即农民通过反馈知道或了解自己利益表达的结果如何，是在政策过程中体现出来还是与之相反，最终会影响着农民的二次表达。农民利益表达的客体始终处于利益表达过程的一个环节，因此，利益表达客体与利益表达的开始、传递与反馈有着极强的相关性，并最终影响农民利益表达的产生、发展及成效。

一　农民利益表达的开始与利益表达客体

社会转型是一个资源重新配置的过程，因为资源的稀缺性必然使不同的利益主体获取资源的结果是不同的。同时，在稀缺性资源面前，又有一个如何选择的问题，不同利益主体对稀缺性资源选择方式与方法不同，关注的重点不同，又使其选择出现了较大差异，产生利益获取有多有少的结果。相对来说，由于农民在社会转型过程中对稀缺性资源的占有总体上处于一种弱势地位，同时，加上农民自身素质及现行体制规范的影响，农民在获取稀缺性资源的手段与方式的选择上与其他利益主体有较大差异。因此，农民在社会转型中出现利益受损的情况，利益受损又是农民利益表达的起点。

（一）因利益绝对受损而产生表达行为情境下的利益表达客体

"所谓'绝对受损'，指的是在体制改革过程中（实际）收入水平发生绝对的下降。"[1] 利益绝对受损是社会转型过程中出现的必然产物，因为在社会转型的阵痛中经济发展成果不能在所有的成员之间进行相同均等分配，"如果经济发展的成果不能为所有社会群体均享，不同社会群体之间的分化加大，出现利益绝对受损阶层"[2]。利益绝对受损如果超出了社会个体的承受心理范围，往往给社会的稳定带来潜在的影响，从一定意义上来说，"普通劳动者、弱势群体层面的社会成员利益受损，易产生经济、社会、政治的危机"[3]。

农民在社会转型中出现利益绝对受损还有利益表达客体的因素存在。虽然在社会改革过程中，"利益绝对受损者并非同步出现的，或者与自然条件、自然灾害、生理原因相关"[4]。但是不能简单依据自然决定论来看待因自然条件、自然灾害与生理原因所造成的农民利益绝对受损的问题。除此之外，我们认为农民利益绝对受损并产生收入下降、生活困难，"重要原因在于他们无法享受基本的公共服务，由此难以摆脱绝对贫困的状态"[5]，这与农民利益表达的客体角色出现问题具有较大的相关性。

另外，当代中国农民利益绝对受损还表现在失地农民身上。虽然工业化和城市化是现代社会发展的必然趋势，也是实现农村现代化的途径和必然结果。但是，农村在工业化和城市化的征地过程中却因利益表达客体原因而出现了农民利益绝对受损的情况。正如有学者认为，在农村城镇化过程中，确实存在着农民利益受损现象，并具体体现在城镇化使大批农用地"农转非"，农业生产处于萎缩局面；征地补偿费与批租出让金差距甚大，侵占了农民的利益；失去土地的农民就业安置困难；造成社区集体资产占

有关系的变化或被平调、流失；农民落户城镇时，利益受损失①等农民利益绝对受损情况。这种情况的发生是因为作为农民利益表达的客体没有在政策制定过程中输入农民利益表达信息，因此"这个政策模式的专横是不言而喻的，征地过程中农民几乎没有发言权，没有讨价还价的余地；帕累托改进自然谈不上，利益受损几成必然"②。

（二）因利益相对受损而产生表达行为情境下的利益表达客体

在社会转型过程中，农民绝对受损相对于相对受损存在范围要小得多。"尽管人们的实际收入水平从绝对值上看都有所提高，但是由于利益分配规则与格局的改变，人们在收入分配关系中所处的相对关系发生了变化，过去高收入的阶层，现在可能变成了低收入阶层，对他们来说，虽然绝对收入提高了，但是相对收入却下降了；这同样会使人们感到自己的利益受到了损害"③，这就是利益的相对受损。农民由于受到自然条件和社会条件的限制，改变自身处境的机会相对较少，也较少分享到改革带来的成果，却深刻体验到改革的代价，成为改革中利益相对受损的群体。④

农民利益相对受损情况最主要体现在城乡差距方面。根据世界银行统计，我国农村人均收入只相当于城市居民的40%，这种城乡差距已大大高于国际标准，国际上城市与农村的居民收入比率一般低于1.5，极少超过2。在发展中国家，政府政策常常以牺牲乡村地区利益为代价，这进一步增加了城镇的吸引力，促进了城市的增长和城市化进程。⑤ 政府因城市化的偏好，把大量资源集中于城市，使城市获取优先发展的趋势，提升了城市居民的生活质量、民主政治意识及法制观念；在制度化上强化了城市利益表达的能量，为城市提供了更多可以利用的利益表达平台；由于市场或国家的政策偏好，使城市和农村利益主体占有资源出现差异，占有资源较多的城市利益主体具有较高的利益表达能力和素质，而占有资源较少的农村则缺少利益表达所应拥有的基本资源，造成城乡利益表达分布的失衡。农民在社会转型过程中因利益群体的分化及利益的分化不能迅速适应，导致获利较少。同时由于利益表达客体在当代中国社会发展过程中过

① 马力宏等：《农村城镇化问题研究》，杭州大学出版社1997年版，第162—166页。
② 钱瑛瑛编：《房地产经济学》，同济大学出版社2004年版，第58页。
③ 樊纲：《渐进改革的政治经济学分析》，上海远东出版社1996年版，第102页。
④ 李崇富、李建平编：《科学发展观与历史唯物主义》，人民出版社2006年版，第99页。
⑤ 姚士谋编著：《区域与城市发展论》，中国科学技术大学出版社2004年版，第142页。

多地将发展作为第一要务，对农业重视不够，这也是农民利益相对受损的重要因素。

农民因利益相对受损而产生心理不平衡，并"增强他们对现实社会的不满情绪以及一致性的社会认知"[1]，并将其"与党和政府的政策联系起来，把自己在改革中个人利益相对受损，具有强烈的社会分配不公正、不公平感以及相对剥夺感和对社会不满感发泄给党和政府"[2]，更多地以非制度化的方式表达自己的意见、建议与利益要求，以补偿自己受损的利益。如果利益表达客体忽视或淡化农民利益表达，则很可能产生偶然或突发性群体事件。

二　农民利益表达的传递与利益表达客体

因利益受损、维护或增进，农民将自己的意见、建议与利益要求表达出来之后，就进入了下一个环节：利益要求的传递问题。农民的意见、建议与利益要求等信息的传递必须具备三个基本要素：信源、信道、信宿。一般来说，信源又称信息源，是指信息发送的来源，是信息传递的开始。由于信息可以经过多次传递，因此，信源可能是信息的生成源，即产生原始信息的地方；也可能是信息的再生源，即加工后的信息再传递出去的地方。对于农民利益表达来说，信源可以指农民的原生态的意见、建议与利益要求，也可以指一些经过整合的意见、建议与利益要求。信道是指传递信息的通道，能够传递信号的一切中介在一定条件下都可视为信道，使用何种信道既能保证信息传递的高速度，又能保证信息传递的可靠性是一个非常重要的问题。农民利益表达的信道，就是将农民利益要求能传递出去的通道，即利益表达渠道，即哪种利益表达渠道在表达农民利益要求上较为畅通，是利益表达行为中的关键一环。信宿是指接收和利用信息的地方，是信息传递的终点，能够接收信息的一方，在一定条件下都可以视为信宿。在农民利益表达行为中，信宿则主要是指农民利益表达客体，因为它们直接或间接地作为农民意见、建议与利益表达要求的接收者。

信息的传递一般经过信源—信道—信宿三个环节，即信息以一定方式

---

① 李春玲：《断裂与碎片：当代中国社会阶层分化实证分析》，社会科学文献出版社 2005 年版，第 283 页。

② 李笃武：《政治发展与社会稳定》，学林出版社 2006 年版，第 32 页。

经过一定信道传递到信宿的动态过程。在农民利益表达过程中，利益表达主体因利益受损、维护或增进产生意见、建议与利益要求，并通过一定的信道将这些意见、建议与利益要求传递到利益表达客体即信宿终端。农民利益表达信源为什么会产生，我们已在前面作出过解释，农民利益表达中最重要的一个因素：信道，我们也在相关章节中作了阐释。这里主要探讨作为农民利益表达要求的信宿，即利益表达客体与农民利益表达传递过程的关系问题。

（一）利益表达传递的内涵及重要性

农民利益表达的传递就是指通过一定的渠道或方式将农民意见、建议与利益要求进行发送、传递、接收，使意见、建议与利益要求在空间或时间上传递到利益客体的整个运作过程。

农民利益表达的传递不仅对于农民实现自己利益表达行为，而且对于整个社会都具有重要的作用。一是农民只有把自己的利益要求表达并传递出来，才能实现农民利益表达的价值，才能发挥农民利益表达的作用。虽然农民利益表达是政府决策的一个重要信息源，也是党和国家做好农村工作的工具，同时党和国家通过满足农民利益表达要求也能直接或间接地达到对乡村场域的控制，但是如果缺失意见、建议与利益要求的传递过程，农民的利益表达的价值就不能发挥出来。同时，农民意见、建议与利益要求传递的速度越快，质量越高，信息所具有的价值越大，作用发挥得也越好。没有信息的传递，信息的使用价值将会丧失殆尽。二是利益表达的传递是利益表达行为活动得以开展的前提条件。因为任何一种利益表达行为都是在一定条件下和一定环境中产生与发展的，它一方面要使内部系统处于正常运转，同时也要与外部环境进行物质能量信息等交换。只有经过信息的传递，农民才能获得外部环境的信息，才能进一步有计划、有目的地进行利益表达活动。三是利益表达的传递是将整个利益表达系统联结起来的特殊纽带。通过利益表达的传递，使利益表达的主体——农民、利益表达方式与手段以及利益表达渠道与利益表达客体联结起来，并使各个子系统在利益表达传递过程中处于较好的发展状态中。

（二）利益表达传递过程中的利益客体

利益表达客体处于农民利益表达信息的接收终端，各种利益表达信息经过利益表达渠道即信息通道后进入到利益表达客体中，利益表达客体根据时代发展和社会现实的需要、接收能力及其自身条件对农民利益表达信息进行处理。

1. 利益表达传递与利益表达客体的接收能力

利益表达客体的接收能力是指作为决策性接收机构或个人，在容纳和处理由通道传递的农民利益表达信息方面所具备的能力。也就是接收机构或个人即各种利益表达客体对于信息的接收、分析处理和输出的能力，这种能力的表现过程也就是利益表达客体接收信息能力展现的过程。分析利益表达客体信息的接收能力，就是为研究在利益表达系统中利益表达客体对于农民利益表达满足的程度提供一个理论依据。

在农民利益表达的现实运行过程中，经常会存在着这种状况，即信道能将农民利益表达要求顺利地传递到利益表达客体中，但是由于这些要求的数量远远超过利益表达客体所正常接收的信息处理量及处理能力，最终会导致农民利益表达信息传递出现问题，并影响到农民利益表达行为的最终结果。因此，我们可以得知，利益表达客体信息接收能力大小受制于以下因素：一是农民利益表达信息量的大小。当农民利益表达的信息太多时，即使利益表达渠道能畅通地传递，但因超出了利益表达客体的处理能力，也影响着农民利益表达行为，这是一种绝对的利益表达信息接收能力低的情况。二是利益客体的接收能力可能跟不上农民利益表达或政治发展的需要。在机构设置、人员编制以及各种资源的配置上不能适应新时期农民利益表达的需要，使利益表达客体能力相对降低。三是利益表达客体本身的问题。如果利益表达客体对农民利益表达不感兴趣，或忽视农民的利益表达，即使农民的利益要求通过信道传递过来，农民利益表达客体也会以资源配置不充分为由主动降低利益信息的接收能力。

2. 利益表达传递与利益表达客体的自由裁量权

农民利益表达信息在传递过程中一般要遵循两个基本的原则：一是迅速的原则。也就是除了农民利益表达信息本身质量之外，还要使利益表达信息在传递过程中能更迅速地传递到利益表达客体终端中。因为信息总是受外界环境影响的，随着外界环境的变化，信息无论是质量还是内容都发生着变化。可能信息产生时，农民利益表达的信息是真实的，是急切需要的。但是当传递到利益表达客体终端时，因时间延长，使得利益表达信息发生变异，与初始信息质量与内容大为差异，这就使得利益表达客体在处理利益表达信息过程中处于不利地位。因此，这就要求在传递过程中尽量缩短时间，简化周转层次，争取运用现代化的传递工具，使利益表达信息能较快传递到利益表达客体终端。二是要求准确。也就是在农民利益表达信息传递过程中不能失真。信息传递时间延长是经常发生的一种现象，但是在传递过程中出现失真却存在着人为因素。因此，农民利益表达信息在传递过程中由于受到传递过程中主观随意性的影响，也就是在信息传递过程中是由人来操纵的，传递什么，不传递什么，受利益表达客体的主观影响，这就是利益表达客体的自由裁量权。

农民利益表达客体的自由裁量权是指利益表达客体往往根据自己的偏好对农民利益表达信息进行裁剪、选择、汇总等行为，"这种选择往往依据两个因素：一个是根据科层制的管理原则，优先服从上级领导交办的事件，二是已经造成或可能造成重大社会影响的事件"①。利益表达客体的自由裁量权在农民利益表达信息传递过程中必然会存在，因为大量的利益表达信息不可能都得到有效传递，必然在层层的传递中因自由裁量权的存在将利益表达信息进行归纳与汇总，这样才能解决一些农民最迫切需要解决的利益问题。所有的利益表达信息都完整地进入决策过程中是不可能的，也是不现实的，必然要进行信息的浓缩。但是在自由裁量权的影响下，农民利益表达客体会出于不正确的目的，有意识地隐瞒农民利益表达信息，谎报农民利益表达信息，使信息发生了人为的变异，使上级无法获得有价值的真实信息，从而做出错误的涉农政策。

3. 利益表达传递与利益表达客体的素质

利益表达客体的素质表现在各个方面，不同层面的素质影响着农民利益表达信息的传递，并最终影响着农民利益表达行为的成效。利益表达传递主要受利益表达客体以下几个方面自身条件的影响。一是利益表达客体对于自己角色的认知。利益表达客体是处于利益表达信息的接收终端，其特殊的角色决定了其应该承担的责任。利益表达客体基于自己角色认知，对农民利益表达行为会产生不同的看法和态度，对同一信息产生明显的认知差异。利益表达客体能端正自己的角色，则会使农民利益表达信息传递较为顺畅。二是利益表达客体心理状态。利益表达客体接收与处理农民利益表达信息都是在一定环境下进行的，在不同心态下，利益表达客体接收与处理信息的态度与结果会发生较大变化。因为意见、建议与利益要求等信息的传递深深受到个人兴趣、态度、思维情

---

① 蔡禾：《利益诉求与社会秩序：从计划到市场》，《华夏时报》2008 年 1 月 21 日第25 版。

绪、性格等方面的影响。利益表达客体良好的心境，愉快的情绪，开朗的性格使得信息传递效率高；反之，就会降低信息传递效果。三是利益表达客体价值观和世界观的不同，会使利益表达客体在接收、处理、对待农民利益表达信息传递方面出现较大差异。如果利益表达客体认为农民利益表达是其在宪法和法律赋予权利的条件下于政策制定有较大价值，利益表达客体就会树立正确的价值观，认为农民利益表达不是为了给其找麻烦，所以在利益表达传递中能正确肩负自己的责任。四是利益表达客体知识结构。利益表达客体知识结构及知识素养影响着利益表达客体对于自己角色的认知，影响着利益表达客体心态状况及其世界观与价值观的形成，并最终影响着利益表达信息的传递。如果作为利益表达信息接收者的文化水平偏低，或知识结构不合理，常会使他们对收到的信息无法理解甚至曲解。

因此，在利益表达信息的传递过程中，接收机关或个人的接收信息能力及利益表达客体的自由裁量权及利益表达客体自身素质影响着利益表达信息的传递。农民进行利益表达要获得较大的成效，在很大程度上取决于利益表达客体对于农民利益要求的反映与处理，因此，在利益表达传递过程中，利益表达客体的作用举足轻重。

（三）利益表达传递结果下的利益表达客体

农民利益表达信息通过一定的信道传递到信宿是一个动态的过程，这个过程受到外部环境如政治环境、经济环境以及文化环境的影响。在不同的外部环境下，农民表达信息传递的结果会有所不同，比如，在人民公社体制下，农民更多的是向公社进行利益表达，信息就在农民与公社之间进行流动。公社制解体后，村民委员会便成了农民利益表达的最基层组织，农民的利益表达信息便在农民与村民委员会之间进行流动。由于村民委员会与公社无论是在属性还是在运行机制上都存在着不同模式，因此农民利益表达信息传递的最终结果也会有所差异。同时，农民利益表达信息还要受到内部环境的影响，即农民利益表达信息传递结果要受到利益表达主体——农民、利益表达渠道——信道以及利益表达客体——信宿等影响，不同因素的变动影响着农民利益表达信息的传递。但是无论是外部环境的影响还是内部环境的制约，农民的利益表达传递最终会在结果上表现出三种基本的类型：利益表达传递顺利、利益表达传递不畅、利益表达传递失败。

1. 利益表达传递顺利下的利益表达客体

农民利益表达传递顺利是指农民的利益表达信息在向利益表达客体传递过程中，各个外部环境与内部环境相互积极影响，最终使利益表达客体能畅通地了解到农民利益表达信息。由此可见，农民利益表达传递是一种素质强、高要求的传递，它受到很多因素的制约，外部环境、内部环境、农民素质、渠道能力及利益表达客体等都是影响农民利益表达信息传递是否顺利的重要变量。农民利益表达传递顺利是在外部环境与内部环境相互积极影响下，在农民素质与利益表达客体素质达到一定程度前提下，借用符合需要的中介将农民利益表达信息顺利传递。

传递顺利是构建农民利益表达机制的目标，也是实现农民与利益表达客体之间沟通的重要基础。同时，传递顺利的利益表达信息有助于降低农民利益表达成本，可以监督利益表达客体的行为，也可以评估农民利益表达的最终绩效。但是农民利益表达信息传递顺利对于外部环境及内部环境有着较高的要求。

在特定的外部环境下，农民利益表达传递顺利则主要取决于其内部环境的利益表达客体，因为在一定的时空下，利益表达的外部环境与利益表达渠道都是较为固定的，不会在短期内发生变化，在这种情况下，农民利益表达信息的传递便受到了两种因素的影响：农民及其利益表达客体。农民利益表达信息相对来说也处于一种较为稳定的状态，农民总是围绕着特定主题进行利益表达，所以最终利益表达传递顺利与否便取决于农民利益表达客体。由于利益表达客体的接收能力、自由裁量权及其对于角色的认知等并不是固定的，在一定时空下是发生变动的，因此，利益表达客体作用发挥得如何将直接影响着农民利益表达信息传递顺利与否。

2. 利益表达传递不畅下的利益表达客体

农民利益表达传递不畅是指农民的利益表达信息在传递过程中受到各种因素的阻碍但最终能传递到利益表达客体的现象。虽然利益表达传递不畅不一定意味着利益表达传递的失败，但利益表达传递不畅是影响农民利益表达成效的重要因素。利益表达传递不畅主要表现在以下几个方面：一是农民利益表达信息在传递之后出现信息变异的情况。我们在前面指出，信息变异受到多种因素的制约，同时信息变异也是农民利益表达信息传递不畅的一个最主要的表现。二是农民利益表达传递过程遭受波折。主要是指农民的利益表达信息虽然也能最终传递到利益表达客体终端，但在传递的过程中遭受波折，这种波折可能表现为时间跨度较大，即信息经历的时间较长，也可能表现在空间经历层次较多。波折的利益表达信息传递，违反了利益表达信息传递迅速的基本原则，最终会导致农民利益表达信息失效或变异。三是农民利益表达传递受堵。当大量的农民利益表达信息产生后便会出现信道即利益表达渠道的承载能力跟不上农民利益表达信息量的发展状况，出现了信息超载现象。信息超载影响着农民利益表达的顺利传递，并出现传递不畅的情况。

农民利益表达信息出现变异、波折或受堵现象都预示着利益表达信息传递的不畅。不畅受多种因素的制约：一是受制于信道即利益表达渠道的发育发展情况，利益表达渠道的供给跟不上利益表达信息产生的速度。二是受制于农民利益表达信息状况。如果农民利益表达信息输入的速度过快或过于复杂，则会影响信息的顺利传递。三是受制于利益表达客体处理信息的时间限制。任何一个利益表达客体，无论是机构还是其化身的人员，都在不停地处理着各种各样的信息，对于特定的信息处理来说，总是受制于利益表达客体处理时间的限制。四是受制于利益表达客体处理能力。基于国家的政治制度、经济水平以及复杂的社会关系，利益表达客体在处理信息的能力方面表现出较大差异。五是受制于科层制的影响。当利益表达客体在科层制体制下处理信息时，如果因内部缺乏分层负责、分工合作的制度、机制与观念，就会使利益表达信息传递不畅。

3. 利益表达传递失败下的利益表达客体

农民利益表达传递失败是指农民利益表达信息止步于利益表达客体这一环节，没能有效地进入到政治系统中。农民利益表达要想获得成效，其基本前提就是自己的利益表达信息进入到政治系统，以影响政策。农民利益表达传递失败还包括利益表达客体严重扭曲农民利益表达信息，使综合了的信息处理与原生态信息发生严重冲突，这样被综合起来的利益表达信息由于失去了其本来的面目，即使传递到政治系统中，也不是原生态的农民利益表达信息，可以归类于利益表达传递失败。

利益表达传递失败一般来说是受到以下几种因素的影响：一是农民在利益表达过程中如果力量较为弱小，就会使其利益表达信息不被利益表达客体所重视。二是农民利益表达方式不正确。如果采取不正确的利益表达方式，对社会稳定产生潜在的影响，利益表达客体就会扭曲利益表达信息，也就是俗语“报喜不报忧”的现象。三是利益表达客体的影响。如果利益表达客体喜欢粉饰太平，喜听颂扬之词，不喜欢直接的利益表达，就会使农民利益表达信息很难传递，即使传递，也会距原生态信息有较大差距；在科层制结构体制下，由于不正确的政绩观的影响，下级总是喜欢迎合上级并试图掩饰缺点以保护自己。这样当农民产生利益表达信息时，基层利益表达客体就不会努力积极地进行传递。同时还有利益表达客体错觉这一因素，利益表达客体总是受着自然人与社会人的生理属性和社会属性的影响，并不具备完全判断任何事情或信息的能力。如果总是凭借自己的思维方式来研判一切信息，有时可能会对农民利益表达信息产生错误判断的现象，而这一现象恰恰是当今许多农民群体性事件产生的原因。当群体性事件产生时，利益表达客体总是认为这一事件是不可能扩散的，或是对农民的利益表达要求或利益表达环境产生错误的判断，并最终影响着农民利益信息的处理，使农民产生不满，进而发展成为群体性事件。

三　农民利益表达的反馈与利益表达客体

农民利益表达信息传递之后，还有一个利益表达信息反馈的过程。站在不同主体上进行考察，反馈的流出与流入原点是相异的，因此农民利益表达信息的反馈实质上可以有两个层面的内涵：一是这种反馈是农民从利益表达客体或政策中得到自己利益表达信息的满足程度，也就是农民利益表达信息能否被利益表达客体所认可、重视并在政策中反映出来。这个层面考察反馈的主体是农民，即农民作为反馈的受体。二是这种反馈是指政策过程通过将农民利益表达信息输入并最终输出政策的过程，这个层面考察反馈的主体是决策机关等，即决策机关等作为反馈的受体。在政策输出或执行过程中所得到的农民对此的意见、建议与看法，所以这种反馈实质上是指"被选定的政策方案公布之后执行之前的信息回流和付诸执行过程中的信息回流"①。

第一种反馈是信息从利益表达客体或政策流向农民，体现出利益表达客体对农民利益表达信息重视程度及政策中反映农民利益信息的最终结果。第二种反馈也是以信息的形式出现，不过方向却与第一种有着巨大差异。它的流向是政策输入过程，是决策系统，即决策系统通过这种反馈了解农民个人、群体或农民组织对于某项政策的不满或支持。因此这种反馈

---

① 李元书：《政治·传播·社会化》，黑龙江人民出版社 2002 年版，第 201 页。

实质上是新一轮的利益表达，它可以"帮助当局断定其输出对减低支持损失所至的压力起作用的程度，断定它们成功地增加必须的积极性支持的程度"①。我们所论述的农民利益表达的反馈是在第一种层面上阐述的，即考察利益表达客体或政策对于农民利益表达要求的回应问题。农民利益表达反馈的形式有多种，在不同的利益表达反馈形式下，利益表达客体对于农民利益表达信息的反馈作用是不同的。

（一）直接与间接反馈下的农民利益表达客体

按照农民利益表达反馈的直接与间接与否可以把农民利益表达反馈分为直接反馈和间接反馈。所谓农民利益表达信息的直接反馈即面对面地反馈，借助语言、文字、动作、表情等进行，不必使用其他传播媒介，即农民在利益表达过程中与利益表达客体通过直接交流，从利益表达客体那里得到相关反馈，或是利益表达客体当场对农民利益表达信息的反应，比如赞同、反对、支持并做出批示等。比如每年各地都要举行各种形式的各级领导接待日等，农民在此时将自己的利益要求表达出来，在场的各级领导会以批示等形式来处理农民利益表达要求。一般来说，各级行政组织领导的接待日，比如市长接待日、高院接待日等都是对农民利益表达信息的直接反馈。这种直接反馈可以是个人与个人、个人与群体，也可以是群体与群体、组织与组织。直接反馈的优点是迅速、直截了当、效率高，有利于了解双方的需要、处理条件等，但也有其固有的缺点，即交流的信息量不可能太大，人数不宜太多，传播与反馈的空间比较狭小，一些复杂的问题不容易得到满意的反馈。

间接反馈是指利益表达客体对于利益表达信息不是采取面对面的反馈，即不是当场做出对利益表达信息的判断等信息的交流，而是借助文字、报刊、电信、广播、电视等媒介进行反馈。比如，当农民利益表达客体接收到农民利益表达信息后，在当场不容易做出答复的情况下，以另外一种形式对农民利益表达信息做出反馈。比如，当较多的农民向利益表达客体反映利益要求时，由于利益表达客体不能处理所有的利益表达要求，必须借助于一定的方式如大众传媒来反馈农民利益表达信息。如果进一步地考察间接反馈，按传播—反馈的时间差上看，可以把间接反馈分为两

---

① ［美］戴维·伊斯顿：《政治生活的系统分析》，王浦劬等译，华夏出版社 1989 年版，第 408 页。

种，一种是即时型反馈，即利益表达客体在当时不能对利益表达要求做出反馈的情况下，可以采取电话、可视电话等方式进行反馈。这种情况一般是发生在农民群体性利益表达时，比如当一些农民群体在有关行政组织门前进行非制度化利益表达时，行政组织领导就会采取电话、喊话以及可视电话的方式对农民利益表达做出反应；另一种间接反馈是历时型，即利益表达客体在综合了农民利益表达要求后，针对不同的利益表达信息，先汇总，再在报刊、网络等媒介上做出反应。

（二）单向与双向反馈下的农民利益表达客体

按照反馈的流动方向可以把农民利益表达信息反馈分为单向反馈、双向反馈两种。所谓单向反馈就是指农民利益表达客体在没有调查研究农民利益要求的基础上，或农民并没有将自己的利益要求表达出来，但由于利益表达客体基于特定的素质及机制，以政策或政策过程反映农民利益表达信息的一种反馈形式。一般来说，农民利益表达信息的输入是利益表达客体反馈的基础，但是在大多数情况下，特别是在当代中国农民利益表达活动中，大多农民并不太愿意主动进行利益表达，所以利益表达客体在农民没有进行利益表达的情况下，做出利益表达反馈，这实质上是一种超前的反馈，在利益表达信息的流动方向上是一种单一回路。所谓双向反馈，就是农民将自己的利益要求表达出来之后，利益表达客体在与农民进行互动过程中，将农民利益表达信息反馈出来。在这种情况下，农民将自己的利益表达信息输入利益表达客体终端，利益表达客体根据环境发展的变化情况及资源的配置情况，在条件允许的情况下与农民进行对话，并最终满足农民利益表达要求。这种双向反馈是现代民主政治发展的必然要求，也是农民利益表达的未来趋势，政治系统不可能反馈所有的农民利益表达信息，因为资源是稀缺的。同时，环境条件也不能使所有的农民利益表达得到满足，在对话协商的前提下，农民知道自己利益要求是否合理，也能体会或理解利益表达客体的决策，从而避免了潜在的因利益表达得不到满足而产生的非制度化行为。

第二节　培育、塑造合格利益表达客体的对策思考

基于利益表达客体在农民利益表达开始、传递与反馈中的重要作用，从系统论角度来说，减少或防止农民非制度化利益表达必须提高利益表达

客体的素质、规范利益表达客体的权力、培育利益表达客体的责任意识。这些措施也是关系到农民利益表达行为能否健康发展、利益表达效能是否能取得以及取得多大的重要变量。

一　提高利益表达客体自身素质

个体素质是社会个体世界观、价值观与人生观形成的基础，影响着社会个体对行为方式的选择、某些事物的判断，并最终形成了不同的行为模式及责任意识。利益表达客体素质对于农民利益表达系统的正常运行具有重要影响。

（一）利益表达客体素质基本内涵

利益表达客体的素质是指利益表达客体在一定生理和心理条件基础上，通过教育培训、角色实践、自我修炼等途径形成和发展起来的，在利益表达活动中起决定作用的、内在的、相对稳定的基本品质，是利益表达客体德、识、才、学、行结合的集中表现。利益表达客体素质是先天性与后天性的统一，是静态与动态的联结，是一个长期稳定发展的基本品质。利益表达客体素质的高低、修养的好坏，不仅决定着利益表达客体的行为，也决定着农民利益表达的发生与发展。

（二）利益表达客体应具备的基本素质

利益表达客体个人素质是个人独特的社会经历与社会地位的反映，是所处环境和所受教育影响下个体在社会中与他们交往的产物，利益表达客体在农民利益表达过程中必须具有一些基本素质。

1. 利益表达客体应具备政治素质

"政治素质是人的素质的核心和灵魂"[①]，是利益表达客体在社会主义制度下应具备的首要条件。因为利益表达客体大部分都是各级行政组织及其他组织的化身，都身处社会主义制度规定范围内，都在法律法规规定下从事着自己的活动。因此，利益表达客体必须学习马克思列宁主义、毛泽东思想、邓小平理论及"三个代表"重要思想，在实践中贯彻和落实科学发展观。在处理农民利益表达过程中应坚持四项基本原则，具有坚定的共产主义信念，按照社会发展的要求，根据社会主义民主政治发展趋势处理好农民利益表达问题。

---

① 杨海英：《社会主义意识形态创新研究》，中共中央党校出版社 2005 年版，第 149 页。

2. 利益表达客体应具备知识素质

利益表达客体除了具备应有的政治素质之外，知识素质也是其基础条件，体现为利益表达客体在处理农民利益表达问题中展示的知识的深度与广度。这种知识素质"包括由普通教育所传授的一般科学文化知识，也包括由专业教育所培养和训练的特殊知识，以及在长期的工作中积累起来的经验知识和通过继续教育所培训的管理、决策知识"[①]。一个合格的利益表达客体除了具备马克思列宁主义基本理论知识外，还必须具有适应农村现代建设需要的多种知识，要了解农民、农业、农村的特点及自身发展运行规律，了解政治系统的运作规律，在解决利益表达过程中运用已有知识为农民利益表达服务。只有具备良好的知识素质，利益表达客体才能比较全面地看问题、想问题，拓展处理问题的视野和深度。

3. 利益表达客体应具备一定的能力素质

利益表达客体的能力是指利益表达客体运用学识专长解决处理农民利益表达问题的才能。利益表达客体的能力素质主要指利益表达客体在处理农民利益表达问题时所必须具备的组织能力、表达能力、语言文字能力、创新能力以及科学的工作方法等方面的素质。具有良好能力素质的利益表达客体在处理和解决农民利益表达问题时会灵活应变，能根据农民利益表达的现状不断地调整自己并使自己适应解决农民利益表达问题的环境，把农民利益表达问题解决好、落实好。

（三）利益表达客体素质的培养与提高

1. 提高利益表达客体素质的内在动力

利益表达客体素质的提高具有多种方式与方法，也有不同的动力，但是最基本的动力应是坚持学习，不断更新知识。按照辩证唯物主义的理解，内因是事物变化的根本，外因是事物变化的条件，外因通过内因而起作用。利益表达客体素质的提高也不例外。利益表达客体的素质与其掌握的知识是互相联系、互相制约的。因在实践中，利益表达客体要始终注意知识的学习与掌握，不断更新自己解决问题的智力与能力。

2. 提高利益表达客体素质的有效途径

利益表达客体素质的提高是一个系统的工程，由于各个因素都会对利益表达客体素质产生影响，从总体上来说，坚持利益表达客体教育制度正

---

① 贺善侃、黄德良编：《现代行政决策》，上海大学出版社 2001 年版，第 152 页。

规化、制度化是培养和提高利益表达客体素质的有效途径。利益表达客体素质的培养与提高，除了先天性获取外，还受到外部客观条件的制约，因此，后天性教育在利益表达客体素质的培养和提高中起着重要作用。一般来说，知识的扩展与更新都需要一个系统教育和培训的途径才能取得。所以对于利益表达客体素质提高来说，完善有计划、有目标、有内容的教育制度是一个重要的有效途径。通过教育的正规化与制度化，使利益表达客体不断地获取新信息，获得新知识，以最新的思维方式与行为方式处理农民利益表达问题，并在处理问题的过程中发现自己知识的不足，进而又在培训中提高自己的素质，这是一个循环的过程，每一个循环都代表着利益表达客体素质螺旋式上升。

坚持实践锻炼也是提高利益表达客体素质的有效方法。利益表达客体的良好素质，不是自发形成的，而是在自觉的社会实践中孕育、萌生、锻炼和成熟起来的。实际生活是异常复杂和丰富的，农村改革的实践、处理农民利益表达问题的经验与教训等为利益表达客体素质的提高提供了坚实的物质土壤。处理农民利益表达的实践使许多利益表达客体了解到农民利益表达的性质、农民的现实要求及处理农民利益表达问题的技巧。

二　规范利益表达客体责任

责任总是与一定的角色相连，作为利益表达的受体，利益表达客体在农民利益表达活动过程中必然要承担一定的责任，并在日常实践中形成一定的责任意识，这是利益表达客体作为客体角色的外在表现形式。利益表达客体责任及责任意识如何，直接影响到农民利益表达能否取得较好成效。

（一）利益表达客体责任内涵

责任是一种社会主体对自己的行为以及这种行为对于他人或社会意识的自觉意识和实践，"是一个人的身份和职务要求他（她）承担的事情。如果他（她）没有做或没有做好，他（她）将为此受到追究甚至惩罚。责任作为一种外在要求，当然会进入人的内心，成为人对自己的一种心理约束，也成为自我意识的一部分"①。责任是社会的基石，是构成社会大

_____

① 刘东超：《中国当代官员心理健康问题的社会学分析》，中共中央党校出版社2004年版，第46页。

厦的梁柱砖瓦,是社会良性运行的前提,是社会稳定、和谐、幸福的关键。① 利益表达客体的责任体现于利益表达客体在处理农民利益表达过程中对农民利益要求的认知以及对整个社会的认知。利益表达客体责任来源于利益表达客体在农民利益表达过程中的角色定位。作为农民利益表达的受动者,不管利益表达客体处于什么样的环境,居于什么样的职位,具有什么样的素质,都是农民利益表达的承担者,因此都要具有一定的角色意识,并产生出一种责任意识。

(二)提高利益表达客体责任意识的方法与途径

在现实农民利益表达的运行过程中,因利益表达客体责任意识缺失而引起的非制度化表达事件有增多的趋势。一般来说,利益表达客体责任意识缺失主要表现在三个方面:一是在权与责的问题上,注重权而忽视责;二是在对与错的问题上,往往是不求有功,但求无过;三是在对上负责还是对下负责问题上,注重对上负责而忽视对下负责。② 因此,为了维护和增进农民的利益,保障农民的自由表达权以及维护整个社会及农村的稳定,必须提高利益表达客体责任意识。

1. 必须坚持优秀道德传统

责任意识从一定意义上来说,也是一种道德,在传统中国文化中就有很多坚持责任意识的道德传统,如诚信、谦敬、礼让、持节、明智、知耻、节制、廉洁、勤俭等。特别是传统道德提倡伦理教化和道德修养,把完善人的主体道德视为完善社会道德的基础,将个人修养与对他人、国家和社会应尽的义务、责任联系起来,这些传统美德,具有与时俱进的品质,历经千年而不衰。对待这些传统道德精华,我们应该大力继承,并根据时代要求使其焕发生机。

2. 使利益表达客体的责任意识成为一种习惯

提高利益表达客体责任意识最关键的环节就是使利益表达客体养成一种责任习惯。习惯是一种很大的思想力量,利益表达客体从养成责任习惯入手可以帮助自己渐渐明晰起责任意识,在日常处理农民利益表达问题中具有一种主动的、积极的热情与动力。另外,高度责任感的培养需要不断

---

① 程东峰:《责任论:关于当代中国责任理论与实践的思考》,中国林业出版社1994年版,第23—26页。

② 周亚越:《行政问责制研究》,中国检察出版社2006年版,第266页。

地灌输和强化，只有在日常生活中不断地对利益表达客体灌输和强化责任意识，利益表达客体才会形成一种责任习惯，并在习惯的影响下自觉或不自觉地从事着处理农民利益表达问题的工作。

3. 使利益表达客体由他律走向自律

责任意识从本质上来说是一种自律性的意识，它指导着利益表达客体的行为与态度。但这种自律的实现需要利益表达客体具备一定的素养及习惯，否则，自律就会因失去内在的监督而形同虚设。在自律的过程中，也要注意外在的约束与监督，即他律的建设。在利益表达客体处理农民利益表达过程中，要综合运用教育、法律、行政、舆论等手段，有效地引导利益表达客体的思想，规范利益表达客体的行为，注重有关法律法规和制度的建设，增强硬约束和他律性。

三　规范利益表达客体权力

现实农民利益表达过程中，利益表达客体大都具有一定的权力，无论这种权力是公共权力还是一些群体授予的权力。为了塑造合格的利益表达客体，提高利益表达客体处理和解决农民利益表达问题的自觉性和主动性，必须规范利益表达客体权力，使利益表达客体在宪法和法律范围内做到权为民所用，利为民所谋。

（一）行为前的合理授权

行为前利益表达客体的授权体现在两个层次：一是公民权利的授予。"权力永远向它的授予者负责"[1]，社会契约论者认为，国家权力来源于人们彼此间通过契约而让渡的权利，公民有监督国家为公共利益服务的权利。[2] 因此，权力在形式上是一种政治性的强制力量，而在本质上则是一种权力代理或委托关系，一定的权力是对一定公众权利的代表，它不是天上掉下来的，也不是掌权者创造出来的，而是一定公众所委托的。[3] 所以利益表达客体的权力来自于公民的授予，其权力的行使必须为公民服务。公民权利的授予在现代民主社会的发展进程中已为绝大多数政府及其化身人员所认同。另一种就是在科层制下上级授权于下级。科层制虽然在现实

---

① 李雪勤：《民主与改革：新世纪反腐败思路》，中国方正出版社2001年版，第75页。
② 周亚越：《行政问责制研究》，中国检察出版社2006年版，第181页。
③ 孙载夫编：《治理商业贿赂对策研究》，中国方正出版社2006年版，第214页。

政治运行过程中有很大的局限性及其弊端，但不可否认的是，科层制也具有一定的优点，并且成为当代世界大多数国家政治构架中的基本原则。由于在科层制下，上级领导无法对所有的事情进行处理，必然要授权给下级。我们主要探讨此种授权问题。

在现实政治运行过程中，一些利益表达客体认为，领导本领的高低，很多时候都体现在运用权力的能力上，总是不希望、也不愿意将自己的权力下放，造成部分基层利益表达客体在处理农民利益表达问题中处于权力缺失而陷入矛盾困境中。因此，合理地授权成为利益表达客体处理农民利益表达活动中的关键所在。

合理授权必须坚持一定原则。第一，量力原则。要因事择人，视能授权。不能对一些素质不太高的利益表达客体授权过大。也就是说，授权的工作量，既不能超过被授权者的能力所能承担的限度，防止其疲于奔命，又要使所授的工作难度略大于被授权者平时的工作能力，使其挑担子时尽力而为。第二，明责原则。这是行为前合理授权的一条十分重要的原则。授权于利益表达客体，并不是不要利益表达客体承担一定的责任，权力总是与责任相联系的。如果责任不清，不知所措，在行动中就会偏离固有方向。第三，动态原则。授权在相对稳定的前提下，可依实际需要进行变动。这种变动体现在时间和空间两个层面上。在不同时间下，由于农民利益变化，利益表达客体在处理农民利益表达中得到的权力也必然会随之变化。同时，由于中国地域广阔，不同的地方在资源、习惯、农民素质等方面存在较大差别，所以针对不同地域的利益表达客体授予的权力也应有差异。第四，激励原则。对利益表达客体进行合理授权的同时，应对其进行适当的激励，以充分调动其解决农民利益表达问题的主动性与积极性。第五，适度原则。授权要适度，授权太少会造成利益表达客体处理农民利益表达问题的被动，其积极性受到挫伤；授权太多又会造成工作杂乱无章，下级思想混乱，甚至失去控制。

（二）行为中的合理监权

行为前的合理授权是塑造合格利益表达客体的一个前提，在处理农民表达过程中，还存在一个合理监督权力的问题。监督利益表达客体的权力从某种意义上来说比授权利益表达客体更为重要，因为一切有权力的人都容易滥用权力，这是万古不易的一条经验。权力总是同权力的授予主体或获取主体相联系，因此：

权力不是抽象的，权力总是同具体的人或集团结合在一起，这种结合必然把个人或集团的意志渗透到权力的实际运用之中，而这种权力的实际运用必然产生正反两个方面的作用及由此导致的正负效应。权力的正效应是指它在实现共同目标过程中发挥积极作用，给社会带来巨大的发展、进步，给人类带来巨大的利益和幸福，故文明选择了权力。权力的负效应是指行使权力者滥用权力而对公共目标和公共利益造成危害，甚至给整个社会造成深重的灾难。①

为了有效克服或降低权力负效应，必须对权力进行有效监督。

监督是防止利益表达客体权力异化的最为有效的手段之一。利益表达客体在获得了一定的权力之后，必然会受到社会关系中的一些小团体或其他个人的影响。如何对利益表达客体权力进行监督的问题，是当前中国政治体系所必须解决的一个最为关键的问题。我们可以从三个方面形成一个对利益表达客体权力进行监督的制度体系。一是要形成以公民为主体的利益表达客体权力监督机制。利益表达客体的权力是公民授予的，公民有权收回这种权力，因此，公民就成为对利益表达客体权力进行监督的范围最广、影响最大，也最具合法性的监督方。二是形成以民间组织为载体的利益表达客体权力监督机制。民间组织是由不同公民组成的群体，凭借群体的力量对利益表达客体权力进行监督。三是形成以新闻舆论为中心的利益表达客体权力监督机制。大众传播媒介作为社会上的"第四部门"，对利益表达客体的权力进行着有形无形的监督，使利益表达客体在阳光下行使自己的权力，正确处理农民利益表达问题。

（三）行为后的科学评权

"古往今来，兴衰成败在于人，吏治是关键。因而干部考核工作总是与经济社会发展紧密联系、息息相关。盛世兴考，考兴盛世。"② 因此，在做到为利益表达客体合理授权、加强对利益表达客体行为中的合理监权之后，还有一个事后监督的问题。行为后的科学考核与评价最重要的是要

---

① 欧国政编：《新时期部队党委书记工作与实践》上册，长征出版社 2002 年版，第256 页。

② 张铁网：《领导干部考核制度改革与创新》，中共中央党校出版社 2003 年版，第 1 页。

完善体现科学发展观和正确政绩观要求的利益表达客体权力评价体系。

建立科学的利益表达客体权力考核与评价机制是经济体制改革的迫切需要，是建设高素质利益表达客体队伍的治本之策，是政治建设和政治体制改革的重要内容，是正确处理和重视农民利益表达的必然要求。近年来，虽然在现实政治运行当中，结合处理农民利益表达的实践，政治体系对于建立利益表达客体权力考核与评价机制进行了积极探索，积累了一定经验，这些经验为建立完善体现科学发展观和正确政绩观要求的利益表达客体权力考核与评价机制提供了一个理论与实践基础。但是在行为后科学考核与评价利益表达客体权力时仍然存在一些薄弱环节，最为突出的是考核与评价内容缺失，考核与评价主体缺位，考核与评价程序缺陷，考核与评价效果失真，为正确考核与评价利益表达客体权力带来了消极影响。

为从根本上克服利益表达客体权力考核与评价工作中的这些弊病，在指导思想上必须坚持科学发展观的理念，进一步改进和完善利益表达客体权力考核与评价的方式方法，全面、系统、客观、公正地监督利益表达权力；进一步创新实绩考核的手段，科学、准确地对利益表达客体权力的工作实绩做出评价，着重考核与评价利益表达客体的权力是否在处理农民利益表达问题中能促进农业、农村经济的发展，是否维护了农村社会稳定，是否有利于促进农村民主政治的发展；必须坚持群众公信原则，不断扩大和完善群众参与利益表达客体权力考核与评价的渠道和途径，考核与评价利益表达客体是否做到权为民所用，是否在行使权力的过程中解决农民的实际利益表达问题，是否在解决农民利益表达时维护和增进农民的物质利益或精神利益。

四　规范利益表达客体行为

利益表达客体在处理农民利益表达过程中，因受到环境、人际关系等影响，可能对表达自身权益的农民施加压力，甚至打击报复，堵塞了农民的利益表达渠道。有些基层权力部门衙门作风严重，官僚主义盛行，对农民冷漠、冷淡，"门难进、脸难看、事难办，反映问题不耐烦"，经常把维护自身合法权益的农民拒之门外，以致农民的权益受到损害。这些问题的出现都与利益表达客体行为有关。所以必须以制度规范利益表达客体行为，以保障农民利益表达活动顺畅进行。

（一）加强干部人事制度建设，规范利益表达客体行为作为农民利益表达客体，在当代中国政治构建下，大多数都属于国家公务系统人员，他们直接或间接处理着农民意见、建议与利益要求。因此，农民非制度化利益表达行为能否消除或减少，从某种意义上来说，除了要靠制度之外还要靠执行制度的人。所以邓小平说："中国的事情能不能办好，社会主义和改革开放能不能坚持，经济能不能快一点发展起来，国家能不能长治久安，从一定意义上说，关键在人。"① 江泽民也指出："我们有一条基本的经验，这就是：党领导的事业要取得胜利，不但必须有正确的理论和路线，还必须有一支能坚决贯彻执行党的理论和路线的高素质干部队伍。"② 但在现实政治运行过程中，我国的干部制度却出现了与社会主义民主政治发展不相符合的现象，必须对现行的干部人事制度进行改革，建立能上能下的干部选择机制、科学民主的干部考核机制以及严厉有效的干部行为监督机制，以提高利益表达客体的责任感，规范利益表达客体行为。

（二）夯实反腐制度，规范利益表达客体行为

腐败不仅影响着社会主义民主政治建设，腐蚀利益表达客体行为，也对农民利益表达产生十分消极的影响。如果腐败问题不解决好，利益表达客体行为得不到有效规范，农民利益表达的成效就会大打折扣。因此，规范利益表达客体行为，必须依赖一个坚实的反腐制度。只有建立一种坚实的反腐制度，才能做到利益表达客体权为民所用，利为民所谋，才能在实践中自觉地规范自己的行为，听取农民利益表达的呼声，维护农民利益，并最终促进农业、农村的发展。

（三）健全法律制度，规范利益表达客体行为

在法治社会中，法律是为了建立一个公正有序的社会而制定的，人的行为和价值体现于对法律的遵循。因此，共同严格遵守法律法规，在法律的框架下进行活动，才能保证利益表达客体为农民服务，才能推动社会的良性发展。通过健全法律制度，以法律制度来规范利益表达客体的行为，使利益表达客体在法律范围内活动，最终达到农民利益表达和谐秩序的建构。

---

① 《邓小平文选》第 3 卷，人民出版社 1993 年版，第 380 页。
② 江泽民：《论党的建设》，中央文献出版社 2001 年版，第 217 页。

参考文献

中文著作

1. 《马克思恩格斯选集》第1—4卷，人民出版社1995年版。

2. 《列宁选集》第1—4卷，人民出版社1995年版。

3. 《邓小平文选》第1—2卷，人民出版社1994年版。

4. 《邓小平文选》第3卷，人民出版社1993年版。

5. 《江泽民文选》第1—3卷，人民出版社2006年版。

6. 江泽民：《论党的建设》，中央文献出版社2001年版。

7. 胡锦涛：《高举中国特色社会主义伟大旗帜　为夺取全国建设小康社会新胜利而奋斗》，人民出版社2007年版。

8. 胡锦涛：《坚定不移沿着中国特色社会主义道路前进　为全面建成小康社会而奋斗》，人民出版社2012年版。

9. 《中国共产党第十七届中央委员会第三次全体会议文件汇编》，人民出版社2008年版。

10. 《中共中央国务院关于2009年促进农业稳定发展农民持续增收的若干意见》，人民出版社2009年版。

11. 《中共中央国务院关于加大统筹城乡发展力度　进一步夯实农业农村发展基础的若干意见》，人民出版社2010年版。

12. 《中共中央国务院关于加快发展现代农业　进一步增强农村发展活力的若干意见》，人民出版社2013年版。

13. 陈庆立：《中国农民素质论》，当代世界出版社2002年版。

14. 陈晓莉：《政治文明视域中的农民政治参与》，中国社会科学出版社2008年版。

15. 程同顺：《中国农民组织化研究初探》，天津人民出版社 2003 年版。

16. 方江山：《非制度政治参与——以转型时期中国农民为对象分析》，人民出版社 2000 年版。

17. 郭道久：《以社会制约权力：民主的一种解析视角》，天津人民出版社 2005 年版。

18. 贺雪峰：《乡村治理的社会基础——转型期乡村社会性质研究》，中国社会科学出版社 2003 年版。

19. 胡美灵：《当代中国农民权利的嬗变》，知识产权出版社 2008 年版。

20. 胡伟：《政府过程》，浙江人民出版社 1998 年版。

21. 黄奕妙、樊永廉：《农村发展与对策探讨》，宁夏人民出版社 1991 年版。

22. 黄宗智：《长江三角洲小农家庭与乡村发展》，中华书局 2004 年版。

23. 金国华、汤啸天：《信访制度改革研究》，法律出版社 2007 年版。

24. 康来云：《中国农民价值观的变迁》，河南人民出版社 2008 年版。

25. 李凯中：《新时期"三农"事业与农民组织化问题研究》，黑龙江人民出版社 2007 年版。

26. 李瑞芬：《中国农民专业合作经济组织的实践与发展》，中国农业出版社 2005 年版。

27. 李守经、邱馨：《中国农村基层社会组织体系研究》，中国农业出版社 1994 年版。

28. 李小云、左停：《中国农民权益保护研究》，社会科学文献出版社 2007 年版。

29. 卢福营：《冲突与协调：乡村治理中的博弈》，上海交通大学出版社 2006 年版。

30. 陆学艺：《当代中国农村与当代中国农民》，知识出版社 1991 年版。

31. 马彦丽：《我国农民专业合作社的制度解析》，中国社会科学出版社 2007 年版。

32. 潘嘉玮、周贤日：《村民自治与行政权的冲突》，中国人民大学出版社 2004 年版。

33. 潘逸阳：《农民主体论》，人民出版社 2002 年版。

34. 秦庆武：《村民自治与农村合作经济组织》，山东人民出版社 2006 年版。

35. 秦馨：《社会转型期中国公民政治参与》，广西人民出版社 2006

年版。

36. 桑玉成：《利益分化的政治时代》，学林出版社 2002 年版。

37. 同春芬：《转型时期中国农民的不平等待遇透析》，社会科学文献出版社 2006 年版。

38. 王纯山：《民主政治与政治参与》，辽宁大学出版社 1992 年版。

39. 王沪宁：《当代中国村落家族文化——对中国社会现代化的一项探索》，上海人民出版社 1991 年版。

40. 徐勇：《乡村治理与中国政治》，中国社会科学出版社 2003 年版。

41. 姚锐敏：《乡村治理中的村级党组织领导》，中国社会科学出版社 2004 年版。

42. 袁峰：《网络社会的政府与政治》，北京大学出版社 2006 年版。

43. 詹启智：《乡村社会变迁与乡村治理》，中国农业出版社 2006 年版。

44. 张厚安、徐勇：《中国农村政治稳定与发展》，武汉出版社 1995 年版。

45. 赵成根：《民主与公共决策研究》，黑龙江人民出版社 2000 年版。

46. 甄树青：《论表达自由》，社会科学文献出版社 2000 年版。

47. 郑欣：《乡村政治中的博弈生存：华北农村村民上访研究》，中国社会科学出版社 2005 年版。

48. 中国（海南）改革发展研究院：《中国农民组织建设》，中国经济出版社 2005 年版。

中文论文

1. 陈俊梁：《农民组织化：农村改革和发展第二次飞跃的关键》，《农业经济》2009 年第 1 期。

2. 李和中：《县区人大代表直接选举的调查及其分析》，《政治学研究》1998 年第 4 期。

3. 马长山：《公民文化：精神文明建设的重要内容》，《学术研究》1993 年第 3 期。

4. 史炳军、马朝琦：《危机与回应：和谐社会的文化认同》，《社会科学家》2006 年第 5 期。

5. 束锦：《信访是民意诉求的一种重要表达方式》，《求实》2007 年第 5 期。

6. 王彪：《城乡二元社会结构的打破与融合》，《探索》1996 年第 3 期。

7. 王春福：《论科学民主决策的社会利益表达机制》，《求实》2006 年第 4 期。

8. 王勇：《论大众传媒在弱势群体利益表达中的作用》，《理论导刊》2008 年第 4 期。

9. 吴毅：《"权力—利益的结构之网"与农民群体性利益的表达困境》，《社会学研究》2007 年第 5 期。

10. 吴毅：《村治中的政治人》，《战略与管理》1998 年第 1 期。

11. 肖唐镖、幸珍宁：《江西农村宗族情况考察》，《社会学研究》1997 年第 4 期。

12. 谢宝利：《论化解农民非制度化政治参与的策略》，《社会科学家》2008 年第 3 期。

13. 薛洪生：《当代农民的利益表达与农村稳定》，《黑龙江社会科学》2008 年第 2 期。

14. 鄢琳、刘影：《浅析公共政策制定中的利益表达问题》，《社会科学家》2007 年增刊。

15. 杨正喜、唐鸣：《论当代中国农民利益表达机制的构建》，《中州学刊》2006 年第 3 期。

16. 于建嵘：《农民有组织抗争及其政治风险》，《战略与管理》2003 年第 3 期。

17. 俞可平：《中国政治发展三十年》，《河北学刊》2008 年第 5 期。

18. 张扬：《中国近代农会组织的历史演变及启示》，《内蒙古社会科学》（汉文版）2005 年第 5 期。

19. 张曾祥：《社团组织与民意表达》，《晋阳学刊》2005 年第 2 期。

20. 朱昌平：《试论大众传播在利益表达中的地位和作用机理》，《宁夏社会科学》1995 年第 4 期。

21. 朱联平：《社会转型期执政党利益表达功能的重要作用及其实现途径》，《理论与现代化》2006 年第 2 期。

译著

1. ［法］托克维尔：《论美国的民主》，董果良译，商务印书馆 1988 年版。

2. ［美］戴维·伊斯顿：《政治体系——政治学状况研究》，马清槐译，商务印书馆 1993 年版。

3. ［美］罗伯特·A. 达尔：《多元主义民主的困境——自治与控制》，尤正明译，求实出版社 1989 年版。

4. ［美］西摩·马丁·李普塞特：《一致与冲突》，张华青等译，上海人民出版社 1995 年版。

5. ［美］塞缪尔·亨廷顿：《变化社会中的政治秩序》，王冠华等译，生活·读书·新知三联书店 1989 年版。

6. ［美］塞缪尔·亨廷顿：《难以抉择——发展中国家的政治参与》，汪晓寿等译，华夏出版社 1989 年版。

外文文献

1. Birch, Anthony Harold, *The Concepts and Theories of Modern Democracy*, New York Routledge, 2002.

2. Deutsch, Kenneth L., *The Crisis of Liberal Democracy: A Straussian Perspective*, Albany, N. Y. State University of New York Press, 1987.

3. Gries, Peter Hays & Rosen, Stanley, *State and Society in 21st-century China: Crisis, Contention, and Legitimation*, New York Taylor & Francis, 2004.

4. James C. Scott, *Weapons of Weak: A Study of Peasant Resistance*, Yale University Press, 1984.

5. John P. Burns, *Political Participation in Rural China*, University of California Press, 1988.

6. Kevin J. O' Brien, Lianjiang Li, *Rightful Resistance in Rural China*, Cambridge University Press, 2006.

7. Lieberthal, Kenneth, *Bureaucracy, Politics, and Decision Making in Post-Mao China*, Berkeley University of California Press, 1992.

8. Schantz, Harvey L., *American Presidential Elections: Process, Policy, and Political Change*, Albany, N. Y. State University of New York Press, 1996.

9. Shelley, Becky, Democratic *Development in East Asia*, London, New York Taylor & Francis Routledge, 2005.